KB210207

직장인 축복 기도문

직장인 축복 기도문

저자 원용일

초판 1쇄 발행 2009. 12. 24.
개정판 1쇄 발행 2016. 9. 13.
개정2판 1쇄 발행 2020. 2. 18.

발행처 도서출판 브니엘
발행인 권혁선

등록번호 서울 제2006-50호
등록일자 2006. 9. 11.

서울특별시 송파구 백제고분로28길 25 B101호 (05590)
마케팅부 02)421-3436
편집부 02)421-3487
팩시밀리 02)421-3438

ISBN 979-11-90308-13-7 03230

독자의견 02)421-3487
이메일 editorkhs@empal.com

북카페 주소 cafe.naver.com/penielpub.cafe
인스타그램 @peniel_books

도서출판 브니엘은 독자들의 책에 관한 아이디어나 원고를 설레는 마음으로 기다리고
있습니다. 책으로 엮기를 원하는 아이디어가 있으신 분은 위의 이메일로 간단한 개요와
취지, 연락처 등을 보내주십시오. 머뭇거리지 말고 문을 두드리세요. 길이 열립니다.

도서출판 브니엘은 갓구운 빵처럼 항상 신선한 책만을 고집합니다.

거룩한 곳,
일터에서 드리는
직장인을 위한
기도 모범서

직장인
축복 기도문

원용일 | 직장사역연구소 소장

브니엘

직장인의 심정으로 성경을 보고 기도하고 생각하며 살아오다 보니 직장인의 기도서를 써보고 싶다는 생각이 든 지가 꽤 오래되었다. 드디어 숙제를 하게 되어 기쁘다. 치열하게 직장생활을 하는 크리스천이 직장인의 기도서를 썼다면 감사하게 읽으며 기도생활에 도움을 받았을 것 같다. 하지만 현실이 그렇지 않으니 어설프게 직장생활을 흉내 내고 있는 목사가 직장인의 기도서를 쓰게 되었다. 보통 그렇듯이 열심히 '하는' 사람은 따로 있고 '쓰는' 사람은 따로 있는가보다!

여하튼 이 기도문이 크리스천 직장인들에게 유용하면 좋겠다는 바람을 가지고 있다. 직장사역을 하다 보면 기도 제목을 물어도 제목이 없다거나 "일 잘하고 건강하도록"이라고 얼버무리는 크리스천 직장인들을 만날 때는 안타까운 마음이 든다. 기도해야 할 문제가 얼마든지 많을 텐데…. 한편 무엇을 기도해야 할지 모르기 때문이라는 생각도 든다.

직업을 가진 사람들이 직업인으로 살아가면서 기도하는 모범을 이 기도서에서 발견할 수 있기를 바란다. 직장문제가 답답하고 변화되기가 힘든 곳이 일터이지만 기도하면 결국 변한다. 그러니 아무리 상황이 어려워도 기도를 포기해서는 안 된다. 어려울수록 더욱 기도해야 하는 것은 당연하다. 내가 아니라 주님이 하시기 때문에 변한다. 일터가 변하는 것보다 먼저 내가 변한다. 내가 변하면 환경도 달라지고 문제도 풀리게 된다. 그래서 기도하는 사람이 변화시킬 수 있다.

이 기도서에 기록된 기도들은 말씀을 근거로 기도하려고 노력한 결과물이다. 성경에서 하나님이 일하는 사람들에게 필요하고 도움주시는 말씀을 깨달으며 기도했다. 쉽게 생각한다면 큐티 시간에 말씀 묵상을 하면서 깨달음을 얻고 나서 기도하는 것과 비슷하다. 말씀을 실천할 적용거리를 가지고 말씀의 교훈과 자신의 결심을 실천할 방법을 기도하는 것처럼 일터의 주제들을 말씀에 근거하여 기도해 보았다.

네 방향으로 구분한 직장인의 기도는 누가복음 2장 52절의 말씀을 뼈대로 삼았다. "예수는 지혜와 키가 자라가며 하나님과 사람에게 더욱 사랑스러워 가시더라." 예수님이 자라가면서 보여주신 성장의 모습은 우리 그리스도인들의 평생 자기계발 목표라고 할 수 있다. 지혜가 자라가는 지성과 키가 자라가는 육체적인 성장, 그리고 영성과 관계성의 성장으로 구분하여 기도문을 작성하였다.

이 기도를 읽은 나의 아내는 기도문은 보통 시와 같은데 그렇지 않다고 하였다. 나도 공감한다. 평생 몇 편의 기도는 함축과 상징과 은유가 담긴 기도시를 남기고 싶다. 하지만 일터 현장의 상황 속에서 겪는 삶의 정황을 다룬다면 시와 같은 기도문보다는 실용적인 기도문이 더 적합할 것 같다. 실제로 편집된 기도서를 보아도 직장인들이 했던 기도들은 거의 공통적으로 실제적이다. '시'라기보다는 치열한 삶의 현장을 반영한 '고백'이다.

기도를 잘 하지 않는 사람이 기도의 훈련을 잘 받았다. 약한 부분을 훈련시키시는 하나님의 깊은 의중도 읽을 수 있었다. 적어놓은 기도는 당연히 기도해야 하고, 또 계속해서 기도문을 작성하며 기도할 생각을 하니 더욱 기도를 훈련하게 되었다. 앞으로 성경 속 인물들 중 직장인들의 기도를 좀 더 깊이 살펴보고 고전 속에서나 명화 속에서 직장인의 기도를 찾아 묵상해보고 싶은 의욕이 생긴다.

일터의 문제를 가지고 기도하게 하신 하나님께 감사드린다. 그리고 일하는 사람들이 가진 기도의 제목들이 궁금해 급히 이메일로 도움을 요청했을 때 자신들의 기도 제목을 보내주신 직장인 여러분에게도 감사를 드린다. 다양한 기도의 제목들을 다

반영하지는 못했으나 직장인의 감각이 떨어지는 내게 좋은 도전을 주신 분들이 고맙다.

일터에서 고민하며 크리스천의 정체성을 유지하기 위해 노력하는 많은 분께 이 책을 드리고 싶다. 기도하며 주님의 손에 모든 문제를 올려드릴 때 주님이 일터에서 늘 함께하시는 분이라는 너무도 당연한 사실을 분명하게 보여주실 것이다.

기도의 사람이 되고 싶은
글쓴이 원용일

C·O·N·T·E·N·T·S
차 례

P·A·R·T·1

거룩한 그곳,
일터에서의 직장인과 기도

일하는 그리스도인,
왜 기도해야 하는가?

출근할 때 예수님은
골방에 가둬두고?

　　　　　치열한 세상에서 일하며 살아가는 크리스천들에게 있어서 '기도'라는 '종교적인 행위'가 얼마나 절실할까? 크리스천 직장인들이 바쁘게 돌아가는 업무시간에 기도할 수 있는 여유를 갖기란 쉽지 않다. 점심식사를 하기 전에 식사기도를 놓치는 크리스천들도 꽤 있다. 다니엘은 하루 세 번씩 시간을 정해놓고 기도했는데, 만약 그렇게 하는 직장인이 있다면 우리 동료들은 이슬람교를 믿느냐고 반문하거나 '광신자' 취급을 할 것이다. 그저 신우회 모임에서 잠시 예배를 드리거나 성경공부를 하면서 기도하는 경우가 가장 일반적이다.

교회에서도 직장의 상황을 위해 기도할 수 있는 경우는 그리 많지 않다. 경제 상황이 어려울 때나 가끔씩 대표기도자의 기도에 오르내릴 뿐 성도들의 일터와 관련된 기도를 특별히 하는 경우는 자주 보지 못했다. 직장생활이란 한 사람의 일생에서 매우 비중 있고 중요한 부분인데, 그 문제를 위해서 기도하며 하나님의 도우심을 구하는 경우가 드문 이유는 왜일까?

나는 그 이유가 일터의 삶은 하나님과는 별로 관계가 없다고 보기 때문이 아닐까 생각해본다. 일은 일이고 교회생활은 따로 있다는 뿌리 깊은 이원론이 결국 문제이다. 시인이면서 중학교에서 영어를 가르치는 박규숙 선생님의 시 '골방 예수'를 보고 뜨끔했다(「하늘에 해 심고 별 심을 때」, 두란노 펴냄, 16쪽).

오늘도 새벽에
깔끔하게 기도를 끝내고는
눈 가리고 귀 막고 입도 막고
두 손 꽁꽁 두 발도 묶어서
골방 깊숙이 예수를 가둬두고 나왔다

내가 원하지 않는 것을 보고

내가 원하지 않는 것을 듣고

내가 책임지기 싫은 말을 하고

내가 가기 싫은 곳에 가서

내가 하기 싫은 일을 벌이신다면

상당히 곤란한 하루가 될 테니…

오늘도 나는

기도로 하루를 시작하면서

예수를 꽁꽁 묶어 골방에 가두고는

내가 세상의 주인이 되어

내 맘대로 살아간다

하나님은 양을 치던 모세의 일터인 호렙 산을 가리켜 '거룩한 땅'이라고 말씀하셨다(출 3:5). 하나님은 가나안 사람들과 전쟁을 앞두고 걱정 많은 여호수아를 찾아와 그가 서 있는 그 땅, 여리고 성이 가까워 곧 전쟁이 벌어질 그 땅을 가리켜 거룩한 곳이라고 하셨다(수 5:15). 그들의 일터는 거룩한 곳이었다. 그들은 하나님을 만난 그 일터에서 신을 벗어야 했다. 그들의 일터가 바로 성소(聖所)였기 때문이다.

오늘 우리가 일하는 땅을 거룩한 땅으로 만들어야 할 사명이 우리 크리스천 직업인들에게 있다. 뿌리 깊은 이원론에서 벗어나기 위해 우리는 생각을 새롭게 해야 한다. 사고의 틀 자체를 바꾸어야 한다.

교회는 건물이 아니다. 주일에는 틀림없이 교회당 안에 교회가 있어서 성도들이 모여 예배를 드린다. 그것을 '모인 교회'라고 말한다. 그러나 월요일부터 토요일까지는 교회가 어디에 있는가? 세상 속에서 살아가는 성도들이 바로 교회이다. 이 교회를 이름 붙여 '흩어진 교회'라고 하지 않는가? 세상 속에서 일하며 살아가는 성도들의 삶이 "하나님이 기뻐하시는 거룩한 산 제물"이고, 그것이 바로 영적 예배이다(롬 12:1).

그런 의미에서 우리 크리스천 직장인들은 삶 속에서 드리는 예배의 비중을 결코 약화시키면 안 된다. 중요성을 따지는 것이야 무의미하지만 모인 교회에서 드리는 예배와 비교해도 흩어진 교회에서 드리는 삶의 예배는 결코 덜 중요한 것이 아니다.

일터에서 드러내어야 할
참된 영성

세상 한복판이라고 할 수 있는 일터에는 크리스천으로서 감당하기 힘든 독특한 문화가 있다. 고질적인 회식문화나 관행의 이름으로 비리를 묵인하고 조장하는 직업윤리의 일탈도 있다. 그런 일터 사회 속에서 살아가면서 크리스천임을 드러내기란 쉽지 않다. 그러나 우리가 의도적으로 크리스천의 정체성을 드러내지 않으면 크리스천으로 인정받을 수 없다. 크리스천임을 알려야 한다.

하지만 '종교성'을 드러내서는 안 된다. 종교성을 드러내는 대표적인 모습은 일터에서 교회 용어나 교회에서 사용하는 '집사, 장로, 권사' 등의 호칭을 자주 말하는 것이다. 물론 우리가 일터에서 종교성을 완전히 감출 수는 없다. 그러나 더 중요한 것은 자연스러운 대화와 삶 속에서 크리스천다움을 드러내는 일이다. 삶의 중요성을 강조한 성 프란시스의 말을 유념하자. "복음을 전하세요. 언제나! 필요하면 말을 사용하세요."

따라서 우리 크리스천들이 일터에서 자신을 드러내는 가장 바람직한 방법은 예수님이 말씀해주신 착한 행실을 보여주는 것이다(마 5:16). 특히 일터에서 착한 행실을 드러내기 위해서는 자신의 업무를 통해 인정받아야 한다. 탁월함을 인정받으면 좋겠지만 그렇지 못한다면 적어도 성실함은 분명히 보여주면서 일해야 한다. 일터는 이익을 얻기 위한 집단이기에 그 목적에 부합하지 않으면 직장인으로서 자기 정체성을 상실하기 쉽다. 크리스천 직장인은 자신의 일을 잘해야 한다.

또한 일하면서 신실함을 드러내어야 한다. 직장에서 일을 할 때 윤리적인 결단을 해야 할 순간은 크리스천임을 드러내기 좋은 때이다. 때로 순교적인 결단도 필요하고, 점진적이거나 현실적인 결단을 하면서 하나님을 섬기는 사람의 모습을 동료들에게 알려야 한다. 그래서 크리스천들은 세상에서 무슨 일을 하든지 주께 하듯 하면서 일터의 예배를 드리고 있음을 사람들에게 입증시켜야 한다.

그런데 크리스천다운 일터의 예배를 드리지 못하는 이유가 무엇인가? 존 휴스턴 감독이 영화 〈천지창조〉에서 아벨의 제사와 대비되는 가인의 제사를 지적한다. 가인은 농사지어 얻은 곡식을 제물로 드릴 바구니에 옮기다가 하늘을 힐끗 쳐다보더니 아깝기라도 하다는 듯 다시 몇 주먹의 곡식을 자신의 바구니로 옮겨 담는다. 휴스턴 감독은 '탐욕'이 바람직한 예배를 드리지 못하게 한 원인이라고 지적했다. 자본주의 시대, 물질만능의 시대를 살아가는 우리에게도 적당한 교훈이 아닐 수 없다. 우리가 세상에서 삶의 예배를 드리면서 세상 사람들과 같이 탐욕을 포기하지 못한다면 결코 크리스천다울 수 없다. "너희는 이 세대를 본받지 말고 오직 마음을 새롭게 함으로 변화를 받아 하나님의 선하시고 기뻐하시고 온전하신 뜻이 무엇인지 분별하도록 하라"(롬 12:2).

일을 위해
기도하신 예수님

세상에서 하는 일이 우리 인생에서 어떤 의미가 있으며, 그리스도인은 일터에서 어떻게 일해야 하는지 잘 보여주신 분은 바로 예수님이다. 예수님은 이렇게 말씀하셨다. "내 아버지께서 이제까지 일하시니 나도 일한다"(요 5:17). 안식일에 병을 고쳐준 일로 인해 유대인의 박해를 받을 때 예수님은 자신이 하는 일이 하나님의 일임을 분명히 밝히셨다. 예수님은 자신이 하는 일에 대한 분명한 확신이 있었기에 비난을 무릅쓰면서도 일하셨다.

세상에서 하나님이 맡기신 일을 하면서 예수님은 늘 기도하셨다. 본격적으로 공생애 사역을 시작하기 위해 광야에서 40일간이나 금식하며 기도로 준비하셨고(막 1:12-13), 막상 일을 하면서도 수시로 기도하셨다. 기도하면서 예수님은 일을 준비하기도 하셨다. 밤늦은 시간까지 일하고도 새벽에 다시 일어나 기도하셨다(막 1:32-35). 바쁜 일정에도 불구하고 새벽에 기도하기를 빠뜨리지 않으셨다. 오히려 바쁜 일정을 위해서 더욱 기도로 하루를 시작하셨다고 보아야 한다. 종교개혁자 마틴 루터가 평소에 두 시간을 기도하다가 바쁜 일이 있을 때는 더 오랜 시간을 기도했던 것과 비슷하다. 기도시간을 통해 예수님은 하나님이 어디로 가서 어떤 일을 하라고 하시는지 하나님의 뜻을 깨달아 아셨다(막 1:35-39).

예수님은 중요한 일을 앞두었을 때는 더욱 특별히 기도하셨다. 자신을 따르는 무리 가운데 열두 명의 제자를 택하기 전에는 밤을 새워 기도하셨다(눅 6:12). 오늘날 많은 교회에서 하듯이 오후 아홉 시에 시작하여 한두 시간 기도하는 축소된 철야기도회가 아닌 그야말로 밤을 새워 아침을 맞는 철야기도를 하며 일을 준비하셨다. 사역을 마칠 무렵 십자가 형벌을 당하시기 전에 우리 주 예수님은 겟세마네 동산에서 피땀을 흘리며 기도하셨다(막 14:32). 전능하신 하나님의 아들이셨지만 엄청난 일을 앞에 두고 예수님은 기도하시지 않을 수가 없었다. 예수님은 그 일을 잘 감당하도록 제자들에게 기도를 부탁하기도 하셨다(막 14:33-38). 안타깝게도 잠들어버린 제자들은 그 중요한 기도를 예수님과 함께 감당하지 못했다.

특히 누가복음은 예수님이 세례를 받으실 때(눅 3:21)부터 시작하여 부활 후 엠마오로 가던 제자들의 집에 들어가 식탁에서 하신 기도(눅 24:30)까지 일과 기도가 어떻게 연관되는지 자세하게 기록하고 있다. 누가는 예수님이 기도를 통해 드러내신 하나님의 뜻에 대해 잘 설명하고 있다. 엠마오 마을로 가던 제자의 집 식탁에서 예수님이 축복기도를 해주시자 제자들의 눈이 밝아졌다. 이렇게 일과 기도는 예수님에게 있어서 서로 밀접하게 연관되었음을 알 수 있다.

때로 주님은 기도를 위해서 하던 일을 포기하신 적도 있다. 예수님에 대한 소문이 더욱 퍼져 인기가 높아지자 많은 사람이 말씀도 듣고 병 고침을 받으려고 몰려왔다. 그때 예수님은 한적한 곳으로 가서 기도하셨다(눅 5:15-16). 일을 위해 기도하기도 하셨지만 그 일을 마다하고 기도에 집중해야 할 때가 있다는 사실을 이 특색 있는 리트릿을 통해 잘 보여주셨다.

여하튼 예수님이 이 땅에서 일하신 모습을 보면 예수님은 일과 관련하여 수시로 기도하셨음을 알 수 있다. 예수님은 기도하면서 일하셨다. 일이 중요하고 급할수록 더욱 열심히 기도하셨다니, 오늘 우리의 모습과 얼마나 다른가! 예수님이 일하면서도 그렇게 기도하셨다면, 오늘 우리는 어떻게 해야 하는가?

성경 속의 직장인들, 그들의 기도

성경 속에 등장하는 인물들 중 직업을 가지고 살았던 사람들이 꽤 있다. 그들이 했던 기도라면 직장인의 기도가 틀림없다. 성경 속 직장인들은 과연 어떤 기도를 어떤 상황에서 했는지 살펴보자.

먼저 야곱은 20년의 밧단아람 생활을 마치고 고향으로 돌아오려고 할 때 마하나임에서 기도했다. "내가 주께 간구하오니 내 형의 손에서, 에서의 손에서 나를 건져내시옵소서. 내가 그를 두려워함은 그가 와서 나와 내 처자들을 칠까 겁이 나기 때문이니이다"(창 32:11).

그런데 이 기도는 그저 곤경에 처한 상황을 이겨내기 위한 기도만은 아니었다. 야곱은 이 간구의 앞뒤에 하나님이 친히 말씀하신 대로 "반드시 네게 은혜를 베풀어 네 씨로 바다의 셀 수 없는 모래와 같이 많게 하리라"(창 32:12)고 하신 언약을 언급한다. 20년 전 분노한 형을 피해 밧단아람으로 도망가면서 벧엘에서 꿈을 꾸며 하나님을 만났고, 그때 하나님이 말씀하신 축복의 언약을 하나님께 언급하면서 기도하고 있다. 하나님은 이 기도를 들어주셨다. 하나님의 응답으로 야곱은 무장한 군대를 이끌고 왔던 에서와 만나 화해했다. 야곱의 기도는 결국 하나님의 약속에 근거하여 자신의 미래에 대해 간구한 기도였고, 관계의 회복을 위한 기도이기도 했다.

다윗 왕은 어땠는가? 사실상 다윗이 쓴 수많은 시편이 하나님께 올려드린 기도였고 찬송이었다. 다윗은 늘 기도하는 사람이었고 기도로 인생의 방향을 잡아나갔다. 대표적인 그의 기도를 살펴보면 직장인의 기도에 대한 중요한 교훈을 얻을 수 있다.

망명시절에 블레셋 사람들이 접경지역에 있는 그일라를 침범했던 적이 있다. 그때 다윗과 그의 사람들이 그일라를 탈환하기 위한 작전을 의논할 때의 일이다(삼상 23장). 다윗은 하나님께 기도했고 하나님이 응답하셨다. 하나님은 "가서 블레셋 사람들을 치고 그일라를 구원하라"(삼상 23:2)고 분명하게 말씀하셨다. 그런데 다윗의 참모들이 수긍하지 못했다. 유다 땅에 숨어 있기도 두려운데 만약 접경지대에 있는 그일라를 치러 갔을 때 사울 왕이 뒤에서 공격해오면 그야말로 독 안에 든 쥐 신세가 된다는 반대 의견을 제시했다. 이때 만약 다윗이 하나님의 응답을 분명히 받았으니 부하들에게 출전하라고 강요했다면 한마음으로 목표를 달성하기는 힘들었을 듯하다.

　　다윗은 그렇게 하지 않고 다시 한 번 더 기도하였다. 다시 기도한다는 것은 첫 번째 기도 응답이 잘못되었을 수도 있다는 의미를 내포한다. 지도자로서 체면이 구겨지는 일이었으나 다윗은 팀워크를 이끌어내야 했기에 다시 한 번 기도하는 수고를 마다하지 않았다. 그 결과 하나님은 또다시 이렇게 말씀하셨다. "일어나 그일라로 내려가라. 내가 블레셋 사람들을 네 손에 넘기리라." 드디어 확신을 얻은 다윗은 부하들과 함께 출전하여 블레셋 사람들을 크게 쳐서 이기고 그일라 백성들을 구원하였다(삼상 23:4-5). 다윗은 결국 기도 응답을 통해 함께 일하는 사람들의 의견 일치와 팀워크를 이끌어냈다.

다윗의 기도는 하나님과 친밀한 관계를 보여주는 그의 경건함의 척도이기도 했다. 일하면서 하나님과 친밀함을 보여주는 다윗 왕의 기도의 예가 또 있다. 다윗 왕이 이스라엘 전체 지파의 왕위에 오른 후 연전연승하면서 승리할 때의 일이다. 다윗은 침입해 온 블레셋 군대를 맞서 싸워야 할지 말아야 할지 하나님께 기도하며 여쭈었다. "내가 블레셋 사람들을 치러 올라가리이까? 주께서 그들을 내 손에 넘기시겠나이까?"(대상 14:10). 하나님이 다윗의 기도에 응답하셨고 다윗은 가서 큰 승리를 거두었다.

그 후 블레셋 사람들이 다시 르바임 골짜기를 가득 메우면서 복수의 응전을 시도했을 때의 일이다. 역대기 기자는 다윗이 또 하나님께 기도했다고 말한다. 그러자 하나님은 이렇게 응답하셨다. "마주 올라가지 말고 그들 뒤로 돌아 뽕나무 수풀 맞은편에서 그들을 기습하되 뽕나무 꼭대기에서 걸음 걷는 소리가 들리거든 곧 나가서 싸우라. 너보다 하나님이 앞서 나아가서 블레셋 사람들의 군대를 치리라"(대상 14:14-15). 하나님의 응답은 매우 구체적인 '전술'이 아닌가? 다윗은 하나님의 명령대로 작전을 수행하여 블레셋 군대를 크게 이겼고, 그 이름이 세상에 퍼져나갔다(대상 14:16-17).

다윗의 기도는 우리가 일할 때 우리의 업무와 관련된 문제를 어느 정도까지 하나님께 기도해야 할지 잘 보여준다. 다윗은 하나님이 허락하시고 승리를 보장하신 전투에서 승리했고, 이어진 전투에서도 또다시 기도하면서 구체적인 하나님의 뜻을 찾았다. 우리가 날마다 우리의 일과 관련된 제목들을 주님의 손에 올려놓고 기도해야 할 이유를 다윗에게서 발견할 수 있다.

다니엘 또한 기도했던 대표적인 직장인이다. 다니엘서를 보면 다니엘이 특히 일터문제를 가지고 꾸준히 기도했음을 알 수 있다. 다니엘이 바벨론의 포로가 되어 바벨론식 교육을 받을 때의 일이다. 음식문제로 자신의 정체성을 드러내려 할 때 뜻을 정했다고 성경은 기록한다(단 1:8). 그 문제를 통해 하나님을 믿는 백성들의 모습을 보여주기 위해 다니엘은 그의 친구들과 함께 특별히 기도했다. 기도하면서 그들은 어떻게 행동해야 할지 굳게 결심했고, 하나님으로부터 위로와 힘도 얻었다.

또한 다니엘은 느부갓네살 왕의 꿈의 내용도 알고 해석도 해야 하는 절박한 상황이 닥쳤을 때 하나님께 간절히 기도했다. 다니엘은 동료들에게 기도 제목을 내면서 그들이 바벨론의 다른 지혜자들과 함께 죽임 당하지 않게 해주시기를 하나님께 기도했다(단 2:18). 이보다 절박한 사생결단의 기도가 있는가? 일터에서 다니엘은 목숨이 왔다 갔다 하는 문제를 가지고 기도 동지들과 합심하여 기도했다. 오늘 우리에게도 이런 급박한 기도 제목이 있지 않은가? 다니엘과 그의 친구들처럼 그런 제목을 가지고 하나님께 기도하면 하나님이 응답해주신다. "이에 이 은밀한 것이 밤에 환상으로 다니엘에게 나타나 보이매 다니엘이 하늘에 계신 하나님을 찬송하니라"(단 2:19).

또한 다니엘은 메대제국의 초대 왕 다리오가 내린 금령에도 아랑곳하지 않고 늘 하던 하루 세 번의 기도를 그대로 강행한 것으로도 유명하다(단 6:10-11). 다니엘은 정적들이 자신을 무너뜨리기 위해 파놓은 함정에 대해 다 알고 있었고, 그 한 달간의 위기만 넘기면 어떤 영광이 자신에게 돌아올지도 잘 알고 있었다. 하지만 다니엘은 그 모든 영광스러운 지위를 포기하고 하나님께 늘 하던 기도를 포기하지 않았다. 그 일을 통해 그의 인생에서 중요한 것이 무엇인지 사람들에게 시위하였다. 이 일을 통해 다니엘은 사자 굴에서 살아나오게 되었고(단 6:23), 결국 제국의 수석총리가 되었으며, 바사제국 고레스 왕의 시대까지 정치적인 영향력을 행사하면서 유다 백성들의 귀환에 기여하게 되었다(단 6:28 참조).

이렇게 직장인 다니엘에게 있어서 자신의 일에 대한 구체적 기도는 너무나 자연스러웠다. 그의 기도가 보여주는 중요한 특징 하나를 다니엘서 9장에서 발견할 수 있다. "메대 족속 아하수에로의 아들 다리오가 갈대아 나라 왕으로 세움을 받던 첫 해 곧 그 통치 원년에 나 다니엘이 책을 통해 여호와께서 말씀으로 선지자 예레미야에게 알려주니 그 연수를 깨달았나니 곧 예루살렘의 황폐함이 칠십 년 만에 그치리라 하신 것이니라. 내가 금식하며 베옷을 입고 재를 덮어쓰고 주 하나님께 기도하며 간구하기를 결심하고"(단 9:1-3).

다니엘은 특별히 하나님의 뜻을 찾기 위해 기도하면서 예레미야의 예언 두루마리, 즉 말씀을 읽었다. 주전 605년에 포로가 되어 바벨론으로 끌려온 다니엘은 이스라엘이 바벨론에 체류할 기간이 70년으로 마칠 것을 알게 되었다. 이때는 주전 539년이었으니 다니엘이 포로 된 지 66년이나 지난 해였고, 70년의 포로생활의 끝이 가까웠음을 다니엘은 깨달았다. 그래서 다니엘은 유다의 포로 귀환에 기여할 수 있었다.

다니엘은 이렇게 말씀을 연구하면서 기도하였다. 하나님이 주시는 말씀을 통해 상황 판단을 하면서 기도로 그 방향을 잡아나갔다. 하나님의 말씀과 기도로 거룩하여 진다는(딤전 4:5) 사도 바울의 지적대로 다니엘은 말씀과 기도를 병행하면서 우리 직장인이 일터에서 어떻게 하나님과 친밀한 관계를 유지할 수 있는지 잘 보여준다.

느헤미야도 바사제국에서 왕의 술 관원이라는 높은 관직에 있으면서 기도하는 직장인의 모습을 보여주었다. 유다 땅 예루살렘에 사는 동족들이 큰 환난과 능욕을 당하고, 예루살렘 성문은 불타고 성벽이 허물어졌다는 소식을 듣고, 그는 이런 의미 있는 기도를 하였다. "주여 구하오니 귀를 기울이사 종의 기도와 주의 이름을 경외하기를 기뻐하는 종들의 기도를 들으시고 오늘 종이 형통하여 이 사람들 앞에서 은혜를 입게 하옵소서"(느 1:11). 하나님의 은혜로 왕의 술 관원이 되었던 느헤미야는 결국 아닥사스다 왕의 호의를 입어 유다 총독으로 부임하여 예루살렘 성벽 재건을 완수했다.

느헤미야는 직장인으로서 업무의 목표를 세워 달성하는 모습을 잘 보여준다. 아닥사스다 왕이 예루살렘 행을 허락하면서도 파견기간이 길지는 않을지 걱정했다. 그때에도 느헤미야는 성벽 재건의 구체적인 계획과 과정을 상세히 브리핑하면서 왕을 안심시켰다(느 2:5-9). 이 일에 관해 왕의 허락을 받을 때도 느헤미야는 짧은 시간이나마 하나님께 묵도했다(느 2:4). 오늘날 우리의 상황으로 본다면 결재를 받기에 앞서 결재판 위에 손을 얹고 기도하는 모습이다. 이런 간절함이 느헤미야의 기도 속에 담겨 있었다.

아울러 느헤미야가 예루살렘 성을 재건할 때 방해하는 이방인 실력자와 내부 귀족들, 심지어 거짓 선지자들로 인해 갖은 어려움을 겪었다. 그는 이때에도 기도로 문제를 돌파해 나갔다. 기도하면서 동시에 파수꾼을 두어 주야로 방비하면서 '창을 든 건축가'의 모습을 보여주었다(느 4:9). 또한 스마야 선지자가 뇌물을 받고 거짓 예언을 할 때도 느헤미야는 이렇게 기도했다. "내 하나님이여 도비야와 산발랏과 여선지 노아댜와 그

남은 선지자들 곧 나를 두렵게 하고자 한 자들의 소행을 기억하옵소서"(느 6:14).

안식일을 지키게 하고, 성전을 청결하게 하며, 제사장과 레위인에게 본래의 직무를 하게 하는 종교개혁을 단행하면서도 느헤미야는 기도했다. "내 하나님이여 이 일로 말미암아 나를 기억하옵소서. 내 하나님의 전과 그 모든 직무를 위하여 내가 행한 선한 일을 도말하지 마옵소서"(느 13:14). "내 하나님이여 나를 기억하사 복을 주옵소서"(느 13:31). 자신이 했던 일에 대한 확신과 더불어 그 일에 하나님이 복을 주시도록 기도하는 모습이야말로 오늘 우리가 본받아야 할 모범적인 직장인의 기도가 아닐 수 없다.

남유다 왕국 말기에 개혁정치를 단행했던 히스기야 왕도 일을 위해 기도했던 대표적인 직업인이다. 그는 특히 일터에서 위기를 겪을 때 어떻게 기도하는지 잘 보여준다. 강대국 앗수르의 왕 산헤립이 수많은 군대를 이끌고 유다로 쳐들어와 항복을 권유하는 문서를 보내온 상황이었다. 히스기야 왕은 그 상황을 당연하게 위기로 인식했다. 그는 그 글을 읽고는 옷을 찢고, 굵은 베옷을 입어 슬픔을 표현했다.

그때 히스기야가 한 행동이 있다. 산헤립이 적어 보낸 두루마리를 들고 하나님의 성전으로 갔다. 거기에서 그 글을 여호와 하나님 앞에 펴놓았다. 하나님이 보시라는 뜻이었다. "하나님, 저의 이 딱한 사정을 살피시옵소서." 그렇게 하나님을 온갖 망발로 모욕하는 이방인의 불경을 하나님께 소상히 아뢰었다.

한 목사님의 설교에서 들은 이야기인데, 부목사들이 모여서 신문을 보고 정치인들을 막 욕하고 있었다고 한다. 그런데 담임 목사님이 그 자리에 오시더니 그 신문을 들고 조용히 나가셨다. 나중에 여쭈어보니 그 신문을 들고 기도실에 가서 펴놓고 하나님께 기도하셨다고 했다. 그 말을 듣고 부목사들은 뜨끔했다고 한다. 하나님의 손에 그 문제를 올려놓고 기도해야 하는데 그러지 못했던 자신들을 돌아보게 되었다.

우리도 일터에서 어려움이 있을 때 더욱 간절히 기도해야 한다. 그 상황을 하나님께 보여드리면서 기도하는 자세가 무엇보다 중요하다. 어려운 상황이나 위기를 표현해주는 자료들을 하나님께 가지고 가서 그것을 보여드리며 기도해보라. 이것은 다른 뜻이 아니다. 가져다 보여드리지 않는다고 하나님이 모르시는 것도 아닌데 이런 퍼포먼스를 하는 이유는 그 문제를 주님께 올려드린다는 뜻을 담고 있다.

우리가 일하면서 어려움 겪는 문제들을 이렇게 하나님께 올려드릴 수 있다. 산헤립의 편지를 본 히스기야 왕의 심정을 상상해보라. 그 자신도 화가 났다. 분명히 언약의 하나님이 유다 왕국을 보호하시고 다윗의 언약을 지킬 것을 약속하셨고, 하나님이 온 우주를 주관하시는 능력의 주님이시라고 말씀하셨는데, 산헤립이 아니라고 하며 하나님을 모욕하지 않았는가? 그 절박한 상황을 하나님이 아시고 알아서 해달라고 히스기야는 일종의 고자질을 하며 하나님을 자극했다.

결국 하나님은 언약에 근거해 기도한 히스기야 왕의 기도에 응답하셨다. 어쩌면 들어주실 수밖에 없었다고 할 수도 있다. 하나님의 입장에서 히스기야 왕의 기도를 들어주지 않으면 곤란하실 수밖에 없었다. 그래서 하나님은 18만 5천 명이나 되는 앗수르 군대를 하룻밤에 몰살하셨다. 그리고 앗수르 왕 산헤립은 패전하여 돌아가 암살당하고 말았다. 왕으로서 유다 왕국을 다스리는 일을 하던 직업인 히스기야는 이렇게 자신의 일과 관련된 급한 기도를 통해 국가적인 위기를 극복했다.

이들 외에도 아브라함의 종은 주인의 아들인 이삭의 아내를 찾으러 가면서 순탄하게 사람을 만나게 해달라고 기도했다(창 24:12). 일종의 출장을 위한 기도라고 할 수 있다. 현명했던 엘리에셀은 이 기도대로 하나님의 응답을 받아 아브라함 집안의 사람인 리브가를 만나 주인에게로 돌아올 수 있었다.

잘 알려진 야베스의 기도도 직장인의 기도라고 할 수 있다. "주께서 내게 복을 주시려거든 나의 지역을 넓히시고 주의 손으로 나를 도우사 나로 환난을 벗어나 내게 근심이 없게 하옵소서"(대상 4:10). '이스라엘 하나님' 께 기도한 야베스의 기도는 하나님의 언약에 근거한 공동체의 기도이기도 했고, 그의 개인적인 목표 달성, 혹은 재정적인 성취와 관련한 기도이기도 했다.

아굴의 기도 역시 직장인의 기도이다. "내가 두 가지 일을 주께 구하였사오니 내가 죽기 전에 내게 거절하지 마시옵소서. 곧 헛된 것과 거짓말을 내게서 멀리 하옵시며 나를 가난하게도 마옵시고 부하게도 마옵시고 오직 필요한 양식으로 나를 먹이시옵소서. 혹 내가 배불러서 하나님을 모른다 여호와가 누구냐 할까 하오며 혹 내가 가난하여 도둑질하고 내 하나님의 이름을 욕되게 할까 두려워함이니이다"(잠 30:7–9). 직장인의 상황에 너무도 적합한 이 기도는 정직을 실천해야 할 직업윤리에 관한 기도이고, 동시에 하나님의 뜻에 합당한 자족의 재정생활을 위한 기도이다. 야베스의 기도와는 다른 중용의 재물관을 위한 기도이고, 사도 바울이 말한 자족의 재물관(빌 4:11–13)과도 비교해 볼 수 있다.

위기의 순간에 긍정의 정신으로
기도했던 직장인들!

영화 〈아폴로 13〉(론 하워드 감독, 1995)은 1970년 4월에 발사했던 아폴로 13호 우주선의 귀환 사건을 묘사한 영화이다. 의욕적으로 달 착륙 우주선을 출발시켰으나 달로 가던 중 산소 탱크의 폭발 사고가 일어났다. 우주선에 탄 세 우주인과 미국 항공우주국(NASA)의 관제 팀 대원들에게 죽음의 공포가 몰려들었다.

우주 공간에서 전력과 산소가 부족한 우주선을 어떻게 하면 좋은가? 시간이 많은 것도 아니다. 위기가 연속되고 참사는 예견되어 있었다. 국장이 짜증스러운 태도로 말한다.

"나사 최악의 참사가 될 거야."

그러나 관제본부장 진 크란츠가 말한다.

"죄송합니다만 지금이 나사 최고의 순간이 될 겁니다."

나사의 총책임자는 불가능하다고 손을 내젓고 있지만 실무책임자 진 크란츠는 우주인들이 살아와야 할 이유를 말한다.

"난 우주에서 대원들을 잃어본 적이 없습니다."

진 크란츠는 할 수 있다고 생각했고 그렇게 행동했다. 아폴로 13호의 팀장 짐 러벨도 그 긍정의 사고방식에 반응했다. 지구로 귀환하는 방향으로 결정되었을 때 그가 말한다.

"휴스턴, 우린 가능하다."

그래서 결국 그들은 해낸다. 영화는 '13'이 보여주는 '징크스'를 배우 톰 행크스가 주도하며 멋지게 깨뜨린다. 대기권 진입 시 불 붙은 우주선 캡슐과 교신 두절 시간 3분을 넘기고도 무려

1분이나 "오디세이? 여기는 휴스턴이다. 내 말 들리나? 사령선! 응답하라!"를 외치던 안타까운 교신 시도가 있었다. 그러나 응답이 없었다. 지켜보는 가족과 나사 관계자들의 얼굴이 일그러졌을 때 나사의 관제 화면이 지지직거린다. 그리고 마치 무에서 유를 창조하신 하나님의 기적처럼 화면에는 세 개의 낙하산에 매달린 사령선이 바다로 내려오는 장면이 잡힌다. 이어서 짐 러벨의 목소리가 들린다.

"휴스턴, 여기는 오디세이다. 다시 만나서 반갑다!"

감격의 눈물이 흐르고 심장을 뒤흔드는 음악 소리와 함께 그간 고생한 관제요원들의 커다란 함성이 화면 가득 울려 퍼진다.

해군 함정에 끌어올려진 사령선의 해치가 열리고 대원들은 생애 중 가장 찬란한 햇빛을 받으면서 밖으로 나왔다. 달에는 가지 못했지만 무사히 귀환하는 데 성공하여 더욱 값진 7일간의 우주여행이 감동을 준다. 하지만 이 영화에서 한 가지 소홀히 다룬 것이 있다. 세 사람의 우주인이 귀환한 여러 요인을 이야기할 때 세계의 모든 사람이 기도했다고 묘사한다. 그렇게 한 것이 사실일 수는 있으나 그들이 하나님께 모든 것을 맡길 수밖에 없는 절박한 상황에서 기도하며 긍정의 정신으로 노력했다는 점을 부각하지는 못했다.

실제로 그 당시에 나사 관제요원이나 우주인들은 일하면서 기도했고, 우주인의 가족들도 하나님께 간절히 기도했다. 그리고 우주인들이 귀환하여 해군 함정에 올라섰을 때 그들은 군목과 함께 가장 먼저 감사의 기도를 하나님께 드렸다. 1970년 4월 27일자 〈타임〉지는 표지에 우주인들이 기도하는 사진을 실었다. 그 기적 같은 생환에 기도가 어떤 역할을 했는지 보여주었다. "내게 능력 주시는 자 안에서 내가 모든 것을 할 수 있다"(빌 4:13)는 사도 바울의 교훈처럼 하나님이 함께하신다는 긍정의 정신을 가지고 기도하며 노력하는 자에게 성공의 열매가 주어짐을 이 영화는 잘 보여준다.

괴롭히는 윗사람, 감동시켜주시거나 제거해주시거나

그러면 실제로 직장인들이 일터에서 겪는 문제 가운데 어떻게 기도할 수 있는가? 몇 가지 예를 살펴보자.

한 권사님과 이야기를 나누다가 아들에 대한 걱정을 듣게 되었다. 아들의 직장상사가 아들을 너무나 괴롭힌다고 했다. 무슨 이야기인지 물으니 자세하게 말해주었다. 그 상사는 여섯 시에 시간 맞춰 퇴근하면서 내일 아침까지 마쳐놓으라고 일을 던져주고 가는데 밤 열두 시, 한 시까지 해도 마치기 힘든 경우도 있었다. 그런데 그 상사는 다음 날 새벽 다섯 시면 출근하면서 일곱

시에서 여덟 시 사이에 출근하는 부하직원을 못 기다리고 출근
길에 전화를 하기도 한다. 심지어 일요일에도 출근하라고 한다.

한 동료직원은 들볶이다가 다른 부서로 발령내 달라고 배짱
부려서 갔다. 그래서 그 일을 그 권사님의 아들이 혼자 도맡아
하게 되었는데 그야말로 죽을 맛이 따로 없었다. 스트레스도 많
이 받고 직장생활을 계속해야 하나 고민한다고 했다. 하지만 직
장생활을 하면서 이와 비슷한 일을 겪는 사람은 많다. 이런 때
에 어떻게 하면 좋은가?

요즘같이 어려운 때에 직장인들은 더욱 힘들게 일한다. 힘든
경제 상황이라도 매출을 올려야 하고 실적을 유지 못하면 직장
생활을 제대로 못하겠으니 팀을 맡은 책임자들도 더욱 안달이
나는 것은 당연하다. 그러나 그렇게 일반적으로 직장인들이 겪
는 일이니 별 것 아니라고 이야기할 수는 없다. 누구나 겪지만
당사자는 무척 고생스러운 일을 겪고 있다. 그러면 이런 상황에
서 어떻게 하면 좋은가?

우선적으로 해야 할 일이 바로 중보기도이다. 목사가 내놓는
문제 해결책이 뭐 별 것 있겠는가마는 기도를 시작하는 것은 매
우 중요하다. 그 상사를 위해서 권사님도 기도하시라고 권해드
렸다. 아들에게도 그 상사를 위해 중보기도하라는 권면을 하라
고 꼭 부탁했다. 화가 나고 미워 죽겠기에 그 사람을 위한 기도
가 잘 나오지 않는다. 그런데 그런 때일수록 기도해야 한다.

그럼 어떻게 기도하면 되는가? 이 기도는 일터개발원의 이사장인 방선기 목사님에게 배운 것인데, 두 가지 제목으로 기도하는 방법이다. 하나는 하나님이 그 사람을 감동시켜(move) 주시도록 기도하는 것이다. 아랫사람을 생각할 줄도 알게 해주시고, 만약 신경정신과 계통의 질환이 있으면 깨달아서 치료할 수 있게 해달라고 기도할 수 있다. 이야기를 들어보니 그 상사의 증상이 조울증의 증세와 비슷한데 본인은 잘 모르는 것 같다. 그런 여러 가지 제목을 가지고 그 상사를 위해서 기도하다 보면 그 사람도 참 불쌍한 사람이라는 사실이 깨달아진다. 그를 향한 내 마음속의 미움이 사라질 수 있다. 주님이 그렇게 인도해주신다.

두 번째 기도는 옮겨주시도록(remove) 기도하는 것이다. 감동받지 못한다면 차선책으로 서로 얼굴을 보지 않으면 될 것 아닌가? 하나님은 그 상사나 혹은 아랫사람을 다른 부서로 옮겨주시거나 혹은 그만 두게 해주실 수 있다. 둘 중에 한 사람이 그렇게 된다면 그런 어려움은 없어지지 않는가? 최선책은 아니지만 이런 차선책도 있다.

하나님은 Move & Remove의 기도 중에서 두 번째 기도를 더 자주 들어주시는 것 같다. 첫 번째 기도를 응답하시는 경우도 간혹 있지만 보통은 둘 중 한 사람이 떠나서 문제가 해결되는 경우가 더 많다.

괴롭히는 상사를 위한 기도가 중요한 이유가 또 하나 있다.

힘들지만 그 상사를 위해서 기도하다 보면 나 자신이 변할 수 있다. 하나님이 그 상사의 마음에 감동을 주시기보다 먼저 나 자신에게 감동을 주셔서 깨달음을 허락하신다. 그래서 상사에 대한 미움과 원망만이 아니라 그를 긍휼히 여기고 도와주고 싶은 마음이 생겨 내가 변화될 수 있다. 그렇게 내가 변하는 모습을 본 상사도 뭔가 마음에 감동이 일어날 수 있다. 그래서 인간관계의 어려움을 겪을 때 하는 중보기도가 중요하다. 직장뿐만 아니라 어떤 관계에서나 중보기도는 가장 확실한 문제 해결의 답이 될 수 있다.

어떤 응답을 하시든 이런 인간관계의 심각한 문제를 하나님의 손에 올려드리는 일이 중요하다. 이런 중요한 문제를 기도하지 않고 속으로만 끙끙 앓거나 화를 참기만 하면 병이 된다. 또한 그런 불만이 자기도 모르게 표현되어서 그 상사와의 관계는 점점 나빠지게 된다. 그러니 기도해야 한다. 하나님께 다 털어놓으며 공을 넘겨보라.

크리스천답게
일하기 위한 고민

몇 해 전 지방도시에 있는 한 유통회사의 직장예

배에서 설교한 후 담당자와 차를 마실 때의 일이다. 대관업무를 맡아하던 직원이었는데 시청의 민원창구에 매장확장 관련서류를 제출했더니 추가로 해올 것과 수정할 것이 있다면서 돌려보냈다고 한다. 하라는 대로 다시 준비해 갔으나 또 문제를 지적하기에 느낌이 왔다고 한다. '아, 이게 바로 인사를 해야 하는 문제구나!' 하지만 그는 크리스천으로서 그렇게 할 수 없었다. 윗사람은 허가 관련된 일을 왜 빨리 처리하지 않느냐고 재촉했기에 난감했다.

그래서 기도가 더욱 간절해졌다고 한다. 어떻게 하면 좋을지 뚜렷한 방법도 없어서 용기와 지혜를 구하는 기도를 열심히 할 수밖에 없었다. 그 형제에게 도전받은 것은 일하면서 겪는 갈등과 혼란의 순간에 기도했다는 사실이다. 크리스천답게 제대로 일하기 위해서는 이렇게 기도하는 일이 중요하다.

고민하면서 그가 세 번째로 시청을 찾아갔다. 그런데 예상했던 대로 직원은 또 트집을 잡았다. 나이도 젊은 공무원의 속보이는 짓이 아니꼽기도 하고 분노가 일기도 했다. 하지만 화를 꾹 참고 이런저런 이야기를 하는데 그 민원담당 직원이 자신의 군복무 이야기를 꺼낼 때 깜짝 놀랐다. 그가 바로 그 직원이 말하는 군대를 나왔기 때문이었다. 사실을 확인해보니 그가 시청 직원보다 훨씬 고참이었다. 그러자 그 직원은 그를 거의 '형님'처럼 대접하면서 허가 관련서류를 처리해주었다고 한다. 조금

전까지 안 된다는 일이 그렇게 쉽게 풀릴 수가 없었다고 한다.

짐작하겠지만 이 대화는 일을 하다 보니 별일도 다 있다면서 웃는 분위기였다. 내가 그런 인연은 우리나라에서만 특히 힘을 발휘하는 '군연'(軍緣)이라고 말해 또 한 번 웃었다. 학연, 지연, 혈연과 같이 사회생활하면서 사람들이 중시하는 '연'(緣) 중에 군연을 추가할 만하다. 물론 내가 나온 육군 포병 출신은 전혀 해당사항이 없고 그 직원이 나온 특별한 군대만 가능하다면서 또 한 차례 웃었다!

그런데 나는 목사의 입장에서 그 직원이 너무나 고마워 눈물 날 지경이었다. 그렇게 크리스천답게 일하기 위해 꿋꿋하게 대처하며 하나님의 인도하심을 구했더니 하나님이 그렇게 길을 열어주신 것이 아닌가! 세상 사람들이 흔히 사용하는 방법을 따르지 않고 하나님의 뜻을 찾은(롬 12:2) 훌륭한 사례가 아닐 수 없었기 때문이다. 다른 사람들이 흔히 하듯이 그저 적당히 인사하며 처리하지 않고 크리스천의 가치를 보여주려고 고민하다 보니 하나님이 그런 방법으로 문제를 해결해주셨다고 생각한다. 공무원이 민원인을 상대하면서 물어보지도 않는데 자신이 군대 갔다 온 이야기를 왜 꺼냈겠는가?

물론 관청에서 허가받을 때는 그렇게 '연'을 최대한 찾아서 편법을 시도하라고 말하고 싶지 않다. 일은 그렇게 하면 안 된다. 하지만 풀기 힘든 복잡한 문제가 많은 비즈니스 현장에서 그저 남들 하는 대로 하지 않고 기도하는 자세는 우리 크리스천만의 아름다운 대안이다. 양들을 이리 가운데 보낸 것과 같은 치열한 비즈니스 현장에서 뱀같이 지혜롭고 비둘기같이 순결하게 일할 수 있도록(마 10:16) 하나님이 지혜를 주신다. 일터에서 고민스럽고 어려움을 겪을 때 기도하라. 우리 주 하나님이 길을 열어주신다.

우리의 일터는 그야말로 성소(聖所)이다. 우리는 일터에서 하나님과 무관한 일이 아니라 무슨 일을 하든지 주께 하듯 하라는 교훈대로(골 3:23) 주님의 일을 감당해야 한다. 그러니 일하면서도 우리는 항상 기도하고(엡 6:18), 쉬지 말고 기도하라는(살전 5:17) 교훈대로 늘 기도하는 자세로 일해야 한다. 우리가 하는 일을 모두 주님의 손에 올려드리면서 기도할 수 있어야 한다. 그런 태도로 일하게 될 때 우리의 작업현장이나 사무실, 우리가 일하는 시장 한복판이나 공사장은 곧 기도실이 되고 성소가 된다.

출근하여 일과를 시작하기에 앞서 기도하는 습관은 너무도 아름다운 모습이 아닐 수 없다. 퇴근하기 전에도 하루를 마감하면서 기도한다면 그 모습은 마치 밀레의 명화 〈만종〉(晩鐘)과 같은 모습이 아니겠는가? 처음에는 어색할 수 있어도 시도해보면 뭔가 다르다. 목회자가 성도의 집에 심방을 가거나 성도들이 교회에 오면 먼저 축복하고 기도하는 의미를 우리 일터에서 우리 자신이 실천할 수 있다.

점심 식사시간이나 식사하기 전에 하는 기도도 역시 중요하다. 식사기도도 생략할 만큼 크리스천으로 티내지 않고 살 명분이 무엇인가? 경건한 자세로 감사하면서 기도하는 모습 그 자체가 우리를 크리스천으로 보이게 하고, 우리는 그만큼 더욱 크리스천답게 살기 위해 노력하는 동기부여가 될 수 있다. 식사기도를 제대로 하는 직장인은 크리스천답게 살아가려고 노력할 수밖에 없다. 가능하다면 회식자리에서도 먼저 하나님께 감사하며 기도하고 시작하자고 제안해보고 실천해보라. 함께 회식하는 사람들이 즐거운 시간을 보내고 피로를 풀고 서로를 알아가는 유익한 시간이 될 수 있게 해달라고 하나님께 기도하는 것은 멋진 모습이 아닐 수 없다. 그 자리에도 함께하시는 하나님의 임재를 충분히 느낄 수 있을 것이다.

일터에서 새로운 일을 시작할 때도 특별하게 기도해야 하겠고, 특별한 일을 맡았을 때나 위기의 순간에 더욱 열심히 기도해야 하겠다. 일을 하다가 어려운 문제에 부딪히면 스트레스가 엄청나게 밀려옴을 누구나 경험한다. 거기에 기도하는 스트레스까지 더하면 심장이 터져버릴까? 아니다. 예수님은 어려운 문제에 부딪힐 때마다 더욱 깊은 기도의 시간을 가지셨다. 기도로 힘을 얻어 그 모든 사역을 감당하셨다. 우리가 어려운 때에 하는 기도는 일과 관련해서 생기거나 생길 수 있는 문제들을 해결하는 열쇠가 된다. 그러니 일하는 사람들은 어려운 때에 더욱 열심히 기도해야 한다.

나는 바울이 기도에 대하여 가르쳐주는 교훈 중 백미는 빌립보서 4장 6~7절이라고 생각한다. "아무것도 염려하지 말고 다만 모든 일에 기도와 간구로 너희 구할 것을 감사함으로 하나님께 아뢰라. 그리하면 모든 지각에 뛰어난 하나님의 평강이 그리스도 예수 안에서 너희 마음과 생각을 지키시리라."

사람들은 기도하는 대신에 보통 염려를 한다. 예수님도 특히 재정에 관한 염려에 대해 산상수훈에서 자세하게 교훈하며 염려하지 말라고 하셨다(마 6:19-34). 염려란 우리 시대에도 많은 사람의 심각한 고질병이 틀림없다. 그런데 염려하는 사람은 기도하지 못하고, 기도를 제대로 하는 사람은 염려하지 않는다. 그러니 염려도 종교적인 행위라는 이야기다. 염려하는 대신에 정기적으로 시간을 정해서 '기도'하고, 목적을 위해 특별하게 기도하는 '간구'를 지속적으로 해야 한다. 그러면 하나님의 평강이 우리의 마음과 생각을 지켜주신다. 긍정의 정신을 갖고 언제든지 그리스도 안에서 얼마든지 예스가 되는 법을 배우면(고후 1:20) 우리는 기도의 효과를 제대로 맛볼 수 있다.

일하는 그리스도인,
어떻게 기도했는가?

크리스천 직장인들은 어떻게 기도했을까? 기도문을 모아놓은 기도서 몇 권에서 직장인들의 기도를 찾아보았다. 일하는 사람들의 기도가 그리 많지는 않았으나 더러 있었다. 기도 전체를 인용하지는 않고 내용의 일부를 통해 일하는 크리스천들이 했던 기도를 살펴보자.

메어리 바철러가 편집한 기도서 「The Lion Book of the Family Prayers」에 보면 일상의 삶에 대한 기도들 중에 일과 직업에 관한 기도를 더러 발견할 수 있다.

위니필드 홀트비는 직업과 인생의 사명을 위해 기도했다.

"하나님,
저의 생명이 다할 때까지
일하게 하시고
저의 일을 마칠 때까지
생명을 유지시켜 주소서."

벤자민 젱크도 기도했다.

"주님, 우리의 영을 새롭게 하시고
우리의 마음을 당신께 향하게 하사
우리가 하는 일이
더 이상 짐이 되지 않고 기쁨이 되게 하소서.
당신을 향한 사랑이 넘쳐서
기꺼이 당신께 순종하게 하소서."

존 테일러도 이렇게 기도했다.

"이 세상에 살아계시며 역사하시는 주님,
오늘 제가 일하고 사람들을 만나고

돈을 쓰고 계획을 세우는 그곳에서

당신을 따르고 당신을 발견하게 도우소서.

저를 당신 나라의 제자로 삼으사

당신의 눈으로 바라보고

당신이 묻는 질문을 듣고

당신의 신뢰로 모든 사람을 맞이하게 하시고

하나님의 뜻을 거스르는 것들을

십자가의 능력과 성령의 자유로 변화시키게 하소서."

무명의 그리스도인들이 했던 기도들도 일에 관한 실제적인
내용을 담고 있다.

"하나님 아버지,

오늘 우리가 여러 가지 일을 만날 때

인내와 즐거움으로 감당하게 하소서.

우리가 날마다 하는 일은 너무 단조롭고 어렵게 느껴집니다.

우리가 다른 사람이 하는 일을 부러워하지 않고

자신에게 맡겨진 일을

당신을 위해서 기쁘게 하도록 도와주소서.

모든 사람을 당신의 뜻에 따라 불러주신 하나님 아버지,

그것을 통해서 당신의 영광이 드러나기를 원합니다.

어떤 일을 하든지
우리가 날마다 당신의 영광을 위해
일할 수 있는 열정을 주시고
일의 성취에 대해 당신께 감사와 찬양을 돌리게 하소서."

또 한 사람은 실직자나 은퇴자를 위해 기도하고 있다.

"하나님 아버지,
일거리를 찾지 못한 사람들이나
더 이상 동료들과 함께 일하지 못하는
사람들을 위해서 기도합니다.
그들이 실망하지 않고
하나님이 만드신 이 세상을 위해 기여할 수 있는
또 다른 일을 발견할 수 있게 하소서.
은퇴해서 더 이상 일하지 않는 사람들에게도 복을 주시고
그들이 당신의 자녀로서
자신의 가치를 계속 유지할 수 있게 도와주소서.
우리 공동체 구성원들이 경험의 폭을 넓혀서
우리가 서로 하나님의 나라 안에서
친밀한 동료가 되게 하소서."

일터의 윗사람들을 위한 <u>무명 그리스도인</u>의 기도도 인상적
이다.

"일터에서 막중한 책임을 지고 있는 사람들을 인도해주소서.
 그들의 결정이 우리의 생활 전반에 커다란 영향을 미치는
 사람들을 위해 드리는 기도를 들으소서.
 그들이 당신에게 지혜를 구하게 하소서.
 그들에게 신실함과 공정함과 의와 자비를 주소서.
 하나님과 국민들을 두려워할 줄 알게 하소서."

<u>중국의 크리스천 여인들</u>은 날마다 하는 자신의 집안일에 대
하여 기도하였다. 전업주부들의 기도인 셈이다.

"문을 열 때,
 주여! 내 마음의 문을 열어
 내 마음속에 주를 받아들이게 하소서.
 빨래할 때,
 주여! 내 마음을 씻으시어 눈과 같이 희게 하소서.
 …
 차를 끓일 때,
 주여! 내 차가운 마음을 태우는 영적 불을 보내시어

주를 섬기는 뜨거운 가슴이 되게 하소서."

영적 거장들의 기도를 편집한 「사귐의 기도를 위한 기도 선집」(김영봉 엮음, IVP 펴냄)에서도 직업에 관한 기도를 찾아볼 수 있다.

지은이를 알 수 없는 한 외국 크리스천의 〈일당 노동자의 기도〉는 절망할 수밖에 없는 환경에서도 좌절하지 않는 믿음의 감동을 준다.

"저와 제 가족의 생활을 지탱하기 위해서는
매일 이 많은 노동을 하는 일 외에는 다른 방법이 없습니다.
매일 쉬지 않고 일하고, 매일 밤 짧은 잠을 자면서,
아침이 되면 다시 늦은 밤까지 일할 수 있을 것이라는
희망을 가지는 것 외에는 아무런 희망도 없습니다.
이 모든 조건에도 불구하고 저는 불평하지 않겠습니다.
대신, 오늘까지 건강과 넘치는 생기로 지켜주신 것과
매일 필요한 것을 넉넉히 주시는 것에 대해
진실로 감사드리며, 주님의 거룩한 이름을 찬양합니다."

잘 알려진 미국 신학자 라인홀드 니버의 〈세상 속에서의 책임을 위해〉의 한 대목도 의미심장한 직업인의 기도이다.

　"하나님,
　　제가 변화시킬 수 없는 것들을
　　받아들일 수 있는 평정을,
　　제가 변화시킬 수 있는 것들을
　　변화시킬 수 있는 용기를,
　　그리고 그 둘의 차이점을 아는
　　지혜를 제게 허락하소서.
　　하루하루를 충실히 살게 하소서."

　한 이름 없는 어부의 〈항해 중에〉라는 기도도 짧지만 간절한
직업인의 심정을 보여준다.

　"사랑의 하나님,
　　제게 은혜를 베푸소서.
　　바다는 너무 넓고
　　저의 배는 너무나 작습니다."

　종교개혁자 존 칼빈의 〈다른 사람을 위해 일하도록〉도 우리
가 하는 일의 사명을 잘 보여주는 기도이다.

"전능하신 하나님,
다른 사람을 형제처럼 친절하게 대하고
그 사람의 유익을 위해 일하게 하시려고
당신은 우리를 택하셨습니다.
오, 하나님!
당신께서 우리를 부르신 것이 헛되지 않았음을
우리 생애 전체로 증명하게 하소서.
우리가 다른 사람들과 조화롭게 살아감으로
신실함과 순수함이 승리하게 하소서."

역시 기독교 역사 인물들의 기도를 편집한 「나는 소망합니다」(조성기 엮음, 랜덤하우스 펴냄)에도 일에 관한 기도가 눈에 띈다.

신학자 김교신의 〈원고를 위한 기도〉에는 글 쓰는 일을 하는 사람의 고뇌가 잘 담겨 있다.

"주 예수여,
당신을 사랑하기보다 더 사랑하는 것이 있다면
내 입에서 설교를 끊으시옵소서.
그 나라보다 더 연모하는 생활이 땅 위에 있다면
한 줄 원고도 쓰지 못하게 하옵소서.

땅의 것을 생각지 말고 위의 것을 생각함이 절실하옵거든
주여, 그때에 다음 달치 원고도 쓰게 허락해주옵소서."

영성 신학자 리처드 포스터의 〈안식하는 법을 가르쳐주소서〉
는 안식의 모범을 보여주신 주님을 따라 안식을 배우기를 소원
하는 사람의 간절한 바람이 담겨 있다.

"나는 관리하는 법도 배웠고
통제하는 법도 배웠습니다.
그런데 안식하는 법은 배우지 못했습니다.
내게는 본받을 만한 모범도 없고
안식을 위한 본보기도 없습니다.
하지만 꼭 그런 것만은 아닙니다.
주님,
주님께서는 예루살렘의 군중들 사이를 지나시고
유대의 산들을 다니실 때
그러한 삶의 선구자가 되셨습니다.
…
주님, 제가 안식하며 일하고
안식하며 기도하도록 도와주옵소서."

가나안농군학교의 설립자 김용기 장로의 〈이런 사람이 되게 하소서〉도 일하는 사람의 바람직한 모습을 떠오르게 하는 기도 이다.

"주여, 이런 사람이 되게 하소서.

한마디 말이 약속어음으로 대용되는 사람,

의지가 돌같이 굳고 무거워서

작은 일에나 큰일에 마음이 흔들리지 않는 사람,

무슨 일이든지 일정한 연구와 의견을 가지고 있으면서

앞으로 발전해가는 사람,

작은 일에도 큰일처럼 충성스럽게 실행하는 사람,

자기 개인을 위한 야심이 아니라

인류와 사회와 이웃을 위하여

큰 포부로써 봉사하려는 마음이 불타는 사람…"

1990년에 출간된 기도서 「지금 우리가 바칠 기도」(엄성옥 편역, 은성출판사 펴냄)에도 몇 개의 기도가 직업인들의 기도이다.

〈젊은 트럭 운전사의 기도〉는 애처롭고도 가슴 벅차게 한다.

"주여,

내가 몰고 있는 트럭의 엔진이 과열되었습니다.

차 안에는 스물여덟 명이 타고 있으며

많은 짐이 실려 있습니다.

타이어는 불량하며

브레이크도 믿을 수 없습니다.

불행히도 내게는 돈이 없으며

부품을 구하기도 어렵습니다.

주여, 나는 트럭에 과도한 짐을 싣지 않았습니다.

주여, 내 트럭에는 '나의 예수님'이라는

글씨가 적혀 있습니다.

주님이 없으면 1마일도 운전할 수 없기 때문입니다.

…

주님, 드디어 목적지에 이르러 당신의 이름을 찬양합니다.

당신께서는 트럭과 승객들을

혼잡한 아크라 마을을 지나 안전하게 인도하셨나이다.

지극히 자비하신 주님, 나의 예수님,

당신을 찬미하나이다. 아멘."

　중국인 자오 주 첸의 〈가난한 노동자들을 위한 기도〉도 고통
스러운 일터의 현실을 기도로 승화시키고 있다.

"우리의 고통을 불쌍히 여기시며
모든 죄를 용서하여주옵소서.
우리는 매일 고통스러운 노동을 하옵니다.
이 성전에서 예배할 때에
우리 영혼을 당신의 크신 평화로 채우소서.
우리는 하나님의 은혜가
결코 그치지 않을 것을 아나이다.
때로 고통과 고난을 당할 때
우리 마음이 어둠으로 가득 차기도 합니다.
아버지여, 결코 우리를 떠나지 마소서."

인터넷에 회자되는 〈한 소방관의 기도〉도 대표적인 직장기도이다. 아마도 그 사람이 크리스천이 아닐까 생각해 보는데, 설령 아니더라도 소방관으로 일하는 크리스천이 이렇게 기도한다면 의미 있고 감동적인 기도가 될 것이다.

"하나님이시여!
제가 부름을 받을 때에는
아무리 강렬한 화염 속에서도
한 생명을 구할 수 있는 힘을 저에게 주소서.
너무 늦기 전에

어린아이를 감싸 안을 수 있게 하시고
공포에 떨고 있는 노인을 구하게 하소서.
가냘픈 외침까지도 들을 수 있게 하시고
그들의 고통까지도 나의 품에 안을 수 있게 하소서.

그리고 하나님의 뜻에 따라
저의 목숨을 잃게 되면
하나님의 은총으로
아내와 우리 가족을 돌보아주소서.”

저메인 코플랜드의 「Prayers That Avail Much · for the Workplace」를 보면 일터를 위한 기도 87편이 담겨 있다. 위에서 소개한 기도들보다 조금 더 현대적인 직장인의 기도로 오늘 우리의 일터 정황을 반영하고 있다. 그 몇 대목을 소개한다.

〈회사를 위한 기도〉에서는 회사의 앞날과 일을 통한 창조사명의 완수를 위해 기도하고 있다.

“앞으로도 우리 회사가 계속 생존하며
번성해 나가기를 기도합니다.
매출이 확대되고 시장 점유율이 늘어날 수 있도록

감사하며 기도드립니다.

아버지, 급변하는 시대 상황 속에서

우리 회사의 다른 영역에서도

창조성을 허락해주심을 감사합니다.

새로운 상품을 개발할 아이디어를 주시고

새로운 개념의 서비스를 창출해 낼 수 있게 하소서.

변혁과 기술이 우리 회사 내의 조직을 활기차게 하시고

생존하게 하시며 버티어 내게 해주소서."

〈직장상사를 위한 기도〉에서는 그야말로 상사의 필요와 리더
십을 위해 기도하고 있다.

"그가 오늘 하루의 우선순위를

제대로 세울 수 있어야 하겠습니다.

가장 중요한 일이 무엇인지 그에게 보여주시어

우리가 능력을 최대한 발휘하여

책임을 다할 수 있도록 영감을 불어넣어 주소서.

…

주님, 그의 마음에 평화를 허락하시기 원합니다.

그래서 치열한 격무와 각박한 비즈니스 현장에서도

분명한 확신을 가지고

현명한 결단을 내릴 수 있게 인도하소서.
제가 그의 필요와 책임에 대해
민감할 수 있도록 길을 열어주소서.
그래서 그를 지원하고 그의 의무를 완수하는 데 있어
제가 구체적인 도움이 되게 하소서."

〈재정적 위기에 직면했을 때의 기도〉에서는 회사의 재정적인
어려움에 대한 간절한 간구가 담겨 있다.

"주님, 우리 회사의 사활이 걸려 있는 때에
주님께 너무나 간절한 마음으로 다가섭니다.
이유야 어쨌든 우리는 지금
극한의 재정적 위기 상황에 처해 있습니다.
아버지, 우선 예수 그리스도의 이름으로
두려움의 영에 맞서겠습니다.

상황이 심각한 것을 제가 알고 있지만
경박하게 서둘지는 않겠습니다.
그러나 제 마음속에 두려움과 염려가 있다면
저의 상황판단 능력에 구름이 낄 것입니다.
그러면 상황을 잘못 읽을 것이고

주님의 음성을 듣는 일도
제대로 못하게 될 것을 잘 알고 있습니다.

아버지, 이 모든 상황을 아버지의 손에 올려드립니다.
이 상황을 개선할 방향을 인도해주시기를 구합니다.
이 일이 저의 좋지 않은 모든 선택 때문이었다면
지금 주님 앞에 회개합니다. 용서해주소서.
저의 잘못을 제대로 볼 수 있게 도와주시고
저의 실수를 극복하기 위해
저의 모든 힘을 다 쓸 수 있도록 인도해주소서."

특히 코플랜드의 직장기도는 성경에 근거하여 일터와 사람들을 위해서 기도하는 전형적인 직장인 기도서라는 특징이 있다. 그의 기도에도 참고 성경구절이 즐비하다. 이 기도서「직장인 축복 기도문」의 거의 모든 기도를 성경 말씀에 근거한 것도 바로 이 책의 영향이다. 말씀에 근거할 때 우리는 하나님이 우리의 일터 상황에 대해 말씀하시는 음성을 들을 수 있다는 확신을 얻게 된다.

이렇게 여러 사람들이 일과 일터라는 문제를 가지고 기도했다면 우리도 자신 있게 기도할 수 있다. 이제 크리스천 직장인들이 할 수 있는 기도의 샘플들을 살펴보자. 일하면서 겪을 수 있는 상황과 주제를 기도할 때 떠오르는 말씀을 가지고 하나님께 나아가면 하나님이 응답해주실 것은 당연하다. 기도하면서 하나님과 친밀해지고 사소한 의논도 함께하는 크리스천 직장인이 되어 보자. 이 기도서에 나오는 기도만이 아니라 자신들의 일터 상황을 반영한 당신의 일터 기도를 온전히 하나님에게 드릴 수 있기를 바란다.

P·A·R·T·2

영성의 기도

하나님께 사랑스러워가게 하소서!

일을 창조하신 성부 하나님을 찬송합니다

거룩하신 삼위일체 하나님,
태초에 함께 천지를 창조하며 일하신
성부 성자 성령 하나님께 영광을 올려드립니다.
"빛이 있으라" 명령하시며 천지를 창조하신 성부 하나님,
만물의 창조 때에 말씀으로 함께하신 성자 하나님,
수면에 운행하며 세상을 품으시던 성령 하나님을 찬송합니다.

하나님의 형상으로, 가장 귀하게 창조하신 남자와 여자에게
생육하고 번성하여 땅에 충만하라, 땅을 정복하라,
세상의 모든 생물을 다스리라고 복주셨습니다.
오늘도 제가 일터에서 하는 일이
하나님의 창조를 닮아 행하는 귀한 일임을 기억하게 하소서.

하나님은 성경에서 토기장이와 농부, 목자와 건축자 같은
직업인의 모습으로 하나님의 속성을 알려주셨습니다.
오늘날의 직업들 중에서도
정치가와 컴퓨터 프로그래머, 오케스트라 지휘자,

웹디자이너, 스포츠 감독 같은 사람들이 하는 일을 통해
성부 하나님의 창조 사역을 발견합니다.

일하는 사람들의 일터 현장에 함께하신
하나님을 찬송합니다.
"네가 무슨 일을 하든지 하나님이 너와 함께 계시도다"라고
감탄한 이방 왕의 찬사를 들은 아브라함을 기억하게 하소서.
애굽에 노예로 팔린 요셉의 직장상사 보디발은
일하는 요셉과 함께하시는 하나님을 분명히 보았습니다.

사람들은 일에 대해 늘 꿈꾸고 고민하고 이야기합니다.
일이 삶의 중심이 된 시대를 살아가면서
성부 하나님이 직업세계에 관계하시고
친히 일하시는 분임을 기억하며
우리도 일할 수 있게 도와주소서.
일터에서 하나님과 동행하며 일할 수 있게 하여주소서.
예수님의 이름으로 기도합니다. 아멘.

※ 참고 성구 : 창 1:1-3,27-28, 21:22, 39:3, 시 23:1-6, 102:25,
요 1:1-3, 15:1-2, 롬 9:19-24.

일하시던 예수님을 배우게 하소서

태초부터 있는 생명의 말씀이신 하나님,
성자 하나님이 육신을 입고 세상에 오심을 찬양합니다.
하나님과 동등하신 분, 왕 중의 왕이신 분이
사람의 모습으로 오실만큼 극단적으로 낮추심을 찬양합니다.

세상에 오신 예수님은 친히 노동을 하셨습니다.
목수의 아들로 아마도 한 20년 일하셨습니다.
제사장의 아들로 태어난 세례 요한과는 달리
목수로 일하신 예수님이 더욱 친밀하게 느껴집니다.

일하셨기에 주님은 일하는 사람들을 잘 아셨습니다.
베드로의 일터인 바닷가로 찾아가셨습니다.
씨를 뿌리는 농부와 장사하는 사람들,
어부들에 대해 이야기하며 설교하셨습니다.
주옥과도 같은 말씀, 산상수훈의 결론에서
집을 지을 때 필수적인 기초공사를 말씀하신 것도
바로 주님이 하셨던 건축 일과 관련된 것이군요!

"수고하고 무거운 짐 진 자들아 다 내게로 오라."
그 귀한 안식의 교훈, 주님의 구원을 잘 보여주는 교훈도
바로 주님이 평생 하시던 목수 일의 경험이었습니다.
"이는 내 멍에는 쉽고 내 짐은 가벼움이라."

주님이 사람들의 하찮아 보이는 노동을 성스럽게 하셨고
모든 직업을 정결하게 하셨음을 배우게 하소서.
"나는 선한 목자라"고 하신 예수님처럼
저의 일로 사람들을 돌보고 생명으로 인도하게 하소서.
"대언자가 있으니 곧 의로우신 예수 그리스도시라."
예수님처럼 저의 일로 사람들에게 도움을 주고 변호하여
세상을 복되게 할 수 있도록 인도하소서.
예수님의 이름으로 기도합니다. 아멘.

※ 참고 성구 : 마 7:24-27, 11:28-30, 13장, 25장, 막 6:3, 눅 5장,
　　　　　　요 1:14, 10:11, 빌 2:6-8, 요일 1:1-2, 2:1.

왜 예수님을 목수가 되게 하셨습니까?

사람에게 일을 부여하신 하나님,
오늘날 사람들은 수천수만 가지 직업 중에서
어떤 직업을 선택해야 할지 고민이 많습니다.
평생직업의 시대에 자신의 직업을 찾으려고 애씁니다.
그런데 예수님은 직업을 선택하려고 고민하지 않으셨네요!
육신의 아버지 요셉을 따라 목수가 되셨습니다, 당연히!

하지만 하나님은 아들 하나님을 목수로 보내시려고
얼마나 고민하셨습니까?
왜 하나님은 하필 예수님을 목수(木手)가 되게 하셨습니까?
그 이유를 알 길이 없습니다만
'요셉 목공소'에서 옹이가 많은 나무를 힘들게 대패질하는
아들 하나님을 상상해 봅니다.
유난히 더워 힘들고 옹이 탓에 대팻날을 자주 갈아야 해도
짜증내지 않고 나무판 다듬기를 하나님께 하듯이 하시는
주님의 모습을 그려봅니다.

저도 주님처럼 거룩하고 성실한 목수가 되게 하소서.

주님이 목수로 일하면서 가르쳐주십니다.

살아 있는 생명체인 나무를 잘라 재목을 얻듯이

보다 나은 삶을 위해 우리도 죽어야 함을 배우게 하소서.

자르고 다듬고 문지르고 못 박아…

쓰임새를 위해서는 별의별 조치를 다 겪어야 하듯이

하나님이 기뻐하시는 인생을 위해

힘들더라도 더욱 훈련받고 성숙할 수 있게 하소서.

스패너를 잡든지, 펜을 잡든지, 마우스를 잡든지

제가 선택한 바로 그 일이

하나님의 나라를 위해 얼마나 필요한 일인지 깨닫게 하소서.

아, 주님!

혹시 주님은 나중에 골고다에서 매달리신 것과 같은

십자가 형틀도 만들어보셨습니까?

저도 오늘 하루 주님이 보내신 일터에서 일하며

제 인생의 목적을 발견하고 경험하게 도와주소서.

예수님의 이름으로 기도합니다. 아멘.

※ 허버트 로키어, 「직업과 직분」(로고스 펴냄), 30-31쪽 참조.

성령님, 우리의 일터를 변화시켜주소서

우리의 삶 속에서 역사하는 인격이신 성령님.
성령님을 신비한 현상이나 힘으로 오해하지 않고
삼위일체 하나님의 한 분으로 제대로 알기 원합니다.
창조의 영이신 성령님은 직업을 위한 재능을 주셨습니다.
요셉의 정치적인 능력에 기름을 부으셨고
성막의 각종 성물을 만드는 브살렐에게도
지혜와 총명과 재주를 주시어 정교한 일을 하게 하셨습니다.
다니엘에게도 사람들이 감탄하는 명철과 지혜를 주셨습니다.
사무엘이 기름을 부었던 날 이후
하나님의 영이 다윗을 크게 감동시켰던 것처럼
제게도 직업적인 재능을 위한 기름을 부어주소서.

악한 세력과 맞서 싸워 이길 전신갑주로 무장하게 하시고
사랑, 희락, 화평, 오래 참음, 자비, 양선, 충성, 온유, 절제,
성령의 열매를 저의 일터에서 맺게 하소서.
일터에서 복음을 전하도록 기름 부어주셨으니
주님이 지상에서 하신 일보다 더 큰 일을 하게 하소서.

성령님을 의지합니다. 능력으로 함께하소서.

약속하신 대로 믿는 자들에게 나타나는 표적을 소망합니다.

그리스도의 "이름으로 귀신을 쫓아내며 새 방언을 말하며

뱀을 집어 올리며 무슨 독을 마실지라도 해를 받지 아니하며

병든 사람에게 손을 얹은즉" 낫게 하소서.

그래서 성령님의 능력으로 우리의 일터가 변화되게 하소서.

성령님의 기름부음 받기를 원합니다.

하나님께서 부여하신 일에 대해

성령님에 의해 선택되고 능력을 받게 하소서.

예수님의 말씀을 가르치고 생각나게 하시는 보혜사 성령님이

일터의 일들에 대해서도 도움을 주시기 원합니다.

일터에서 벌어지는 일들에도 말씀을 적용하게 하소서.

예수님의 이름으로 기도합니다. 아멘.

※ 참고 성구 : 창 41:38, 출 31:1-4, 삼상 16:13, 단 5:11, 막 16:17-18,
         요 14:12, 행 1:8, 갈 5:16-23, 엡 6:10-11.

하나님의 거룩한 제사장으로 살게 하소서

거룩하신 하나님 아버지,
세상 속에서 살아가는 한 그리스도인으로서
하나님의 말씀을 따를 수 있기 위하여 기도합니다.
"내가 거룩하니 너희도 거룩할지어다."
이렇게 거룩을 명하신 하나님이 우리의 하나님이십니다.

오늘 우리가 사는 세상이 악하고 부패했습니다.
레위기의 교훈을 따라 사도 베드로가 거룩을 강조합니다.
"예수 그리스도로 말미암아 하나님이 기쁘게 받으실
신령한 제사를 드릴 거룩한 제사장이 될지니라."
중보자가 필요한 세상에서
제사장으로 살아야 할 사람이 바로 우리임을 깨닫게 하소서.
목회자나 선교사만 제사장이라고 생각하지 않겠습니다.
베드로의 가르침대로
성도인 제가 곧 제사장임을 깨닫겠습니다.
거룩한 제사장으로 살아야 하는 우리의 정체를 깨닫게 하소서.
"너희는 택하신 족속이요, 왕 같은 제사장들이요,

거룩한 나라요, 그의 소유가 된 백성"이라 하셨습니다.
이보다 귀한 신분이 없고 이보다 중차대한 직분이 없는데
망각하며 허둥대던 죄를 용서하시고 긍휼히 여겨주소서.

"너희를 어두운 데서 불러내어 그의 기이한 빛에
들어가게 하신 이의 아름다운 덕을 선포하게 하려 하심이라."
예수 그리스도를 세상에 선포하고 알리는
하나님 나라의 홍보대사의 역할을 깨닫게 도와주소서.
이것이 바로 거룩한 제사장의 사명임을 알고
하나님과 세상 사이를 중보하는 일을 하겠습니다.
제사장들이 제사로 백성들과 하나님 사이를 중보하고
말씀으로 백성들을 가르쳐 하나님의 뜻을 알게 한 것처럼
우리도 세상에서 제사장이 되겠습니다.
우리의 몸을 하나님이 기뻐하시는
거룩한 산 제물로 드리겠습니다.
우리의 영적 예배를 받으소서.
예수님의 이름으로 기도합니다. 아멘.

※ 참고 성구 : 레 11:44-45, 롬 12:1, 벧전 1:16, 2:5,9.

참된 예배를 드리게 하소서

진정한 경배를 받기에 합당하신 하나님,
하나님의 거룩하심을 찬양합니다.
하나님께서는 홀로 영광받으실 위대한 분이십니다.

인생의 주인이며 왕이신 하나님께
예배드릴 수 있는 특권을 감사합니다.
세상에서 살아가기에 분주하고 바쁘지만
하나님께 참된 예배를 드리는 일을
가장 중요하고 귀한 일로 여기는 믿음을 주소서.

세상 사람들은 영이신 하나님을 잘 알지 못하고
온갖 우상들 앞에서 헛되게 경배합니다.
주님의 자녀로서 영이신 하나님께 영으로 예배하게 하소서.
진리이신 하나님을 알지 못하는 자들은
온갖 거짓되고 탐욕적인 욕망의 추구가
마치 자신들의 신인 양 호들갑을 떱니다.
진리로 하나님을 온전히 예배하게 하소서.

사마리아 여인을 가르치신 예수님의 말씀처럼
영과 진리로 드리는 예배로 하나님께 영광 돌리기 원합니다.
모든 예배의 시간에 하나님께만 생각을 집중하고
하나님께 영광 돌리게 하소서.
찬양과 기도와 말씀과 교제의 그 모든 시간을 통해
하나님만 홀로 독점적인 영화를 누리소서.

아울러 삶으로도 진정한 예배를 드리게 하소서.
"먹든지 마시든지 무엇을 하든지
다 하나님의 영광을 위하여 하라."
저의 일이 예배입니다.
저의 가정생활이 곧 예배입니다.
저의 모든 인격과 삶 전체로 드리는 온전한 예배를 받으소서.
하나님만 홀로 영광을 받으소서.
예수님의 이름으로 기도합니다. 아멘.

※ 참고 성구 : 요 4:24, 고전 10:31.

말씀과 기도로 거룩해지게 하소서

세상을 창조하시고
보시기에 좋았다고 감탄하신 하나님,
"하나님께서 지으신 모든 것이 선하매
감사함으로 받으면 버릴 것이 없다"고 하셨습니다.
금하고 폐하여 세상과 격리되지 않게 도와주소서.
하나님의 선한 의도를 인정하고 감사하게 하소서.
쉽게 세상을 포기해 버리지 않도록 주님이 도와주소서.
세상이 악해서 스스로 극복해 낼 힘이 부족합니다.
거룩하신 주님이 도와주소서.

"하나님의 말씀과 기도로 거룩하여짐이라."
악한 세상의 죄악성에 오염되지 않기 위해
말씀과 기도로 무장하겠습니다.
하나님의 능력으로 죄의 영향력을 극복하게 하소서.
믿음의 말씀으로 양육받겠습니다.
주님께 기도하겠습니다.
일터의 고질적인 비리와 속이는 문화를 극복할 힘을 주소서.

거짓의 사람들과 함께 일하거나 상대하면서
그 죄에 오염되지 않게 도와주소서.

하나님의 말씀을 저의 일터 상황과 견주어
제대로 적용할 수 있게 도와주소서.
말씀이 마음에 부딪혀 올 때
일터에서 크리스천으로 살아가는
저의 정체를 분명하게 인식하면서 말씀을 받게 하소서.
그 문제를 주님의 손에 올려드리기 원합니다.

주님께서 주실 지혜와 분별력과 능력을 위해 기도하겠습니다.
그래서 말씀과 기도로 거룩해지게 하소서.
"망령되고 허탄한 신화를 버리고
경건에 이르도록 네 자신을 연단하라."
경건을 훈련하는 삶을 살아갈 수 있도록 도와주소서.
예수님의 이름으로 기도합니다. 아멘.

※ 참고 성구 : 창 1장, 딤전 4:3-7.

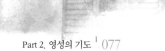

성령 충만한 직장인이 되게 하소서

보혜사 성령님을 보내주신 하나님,
주님의 명령과 약속대로
성령 충만하기 위하여 간구합니다.

주님이 말씀하셨습니다.
"내가 아버지께 구하겠으니
그가 또 다른 보혜사를 너희에게 주사
영원토록 너희와 함께 있게 하리니."
주님의 제자들에게 보내어
영원히 함께 있게 하겠다고 하신 보혜사 성령님이
저에게도 충만히 역사하시기를 기도합니다.
"성령 그가 너희에게 모든 것을 가르치고
내가 너희에게 말한 모든 것을 생각나게 하리라."
저의 일터에서 상황에 맞는 깨달음을 주시고
확신하는 것을 실천할 용기를 주소서.

"진리의 성령이 오시면…

장래 일을 너희에게 알리시리라."
알 수 없는 앞날에 대해서도 성령님이 알려주시기 원합니다.
경제적인 어려움과 정치 · 사회적인 혼란 속에서
성령님의 인도하심으로 미래를 예측하게 도와주소서.
직업세계의 내일이 불확실합니다.
두려움을 없애주시고
세상 끝날까지 함께할 것이라고 약속하신
예수님만 의지하며 살아가게 도와주소서.

약속대로 주님은 성령님을 보내셨으니
성령 충만한 크리스천 직업인으로 거듭나
험한 세상을 힘차게 살아가겠습니다.
직업 가진 사람들에게 주시는 성령의 충만함으로
능력과 재능을 발휘하게 도와주소서.
일터에서 성령님과 함께하는 멋진 모습으로
하나님과 사람들을 기쁘게 할 수 있도록 인도하소서.
예수님의 이름으로 기도합니다. 아멘.

※ 참고 성구 : 마 28:20, 요 14:16-17,26, 16:13.

다니엘처럼 기도하며 간구하겠습니다

자녀들의 기도를 들으시는 아버지 하나님,
다니엘의 기도를 들으셨던 하나님께 기도합니다.
다니엘처럼 기도하는 사람이 되기 원합니다.
일터에서 기도해야 할 때 기도하지 못했던 저를 용서하소서.
항상 기도하며 깨어 있고 쉬지 말고 기도하라는 가르침을
따르지 못했던 부족함을 긍휼히 여겨주소서.

다니엘의 기도를 배우겠습니다.
다니엘은 일터에서 생긴 문제들에 대해 기도했습니다.
하나님 자녀의 정체성을 세우기 위해 뜻을 정할 때
기도했던 다니엘을 배우게 하소서.
저도 일터에서 하나님 자녀의 정체를 분명히 드러내기 위해
기도하며 뜻을 정하겠습니다.

왕의 꿈을 알아내고 해석도 해야 하는 사명을 받았을 때
동료들과 함께 사생결단의 기도를 하며
목숨을 걸었던 다니엘을 배우게 도와주소서.

다니엘은 일터에서 해결할 수 없는 문제를
기도의 동지들과 함께 기도하여 풀었습니다.
어려운 문제를 놓고 함께 기도할 수 있게 도와주소서.
일터의 기도 동지들이 평생 친구가 될 수 있기를 원합니다.

기도 금령이 내려지고 시험받을 때도
목숨 걸고 기도했던 다니엘을 배우게 도와주소서.
죽을 줄 알고도 어쩌면 그렇게, 정적들이 다 보란듯이
예루살렘으로 향한 창문을 열고 기도했을까요?
그가 믿었던 약속을 저도 믿기 원합니다.
"이 성전을 향하여 손을 펴고 무슨 기도나 무슨 간구를 하거든
주는 계신 곳 하늘에서 들으시고…"
저도 하나님의 약속을 믿고 기도하겠습니다.
일터의 문제들을 주님의 손에 올려드리겠습니다.
염려하는 대신 기도하며 간구할 때
주님이 약속하신 하나님의 평강으로 제 마음을 지켜주소서.
예수님의 이름으로 기도합니다. 아멘.

❈ 참고 성구 : 왕상 8:38-39, 단 1:8, 2:17-18, 6:10-11,
눅 21:36, 빌 4:6-7, 살전 5:17.

하나님의 뜻을 잘 분별하게 하소서

늘 좋은 길로 인도해주시는 하나님 아버지,
저를 향한 하나님의 뜻을 알기 원합니다.
인생의 중요한 통과의례의 순간들,
선택의 기로에서 저울질하며 고민해야 하는 상황,
그 선택의 순간에 무엇보다 하나님의 뜻을 잘 분별하게 하소서.

믿음의 선배들은 훌륭한 결정을 했습니다.
아브라함도, 모세도, 다윗도, 사무엘도, 느헤미야도
하나님의 뜻을 따라 결정한 것을 알고 있습니다.
그들을 따라 저도 하나님의 뜻을 찾을 수 있게 하소서.
아버지여, 주님의 음성을 통해 제게 말씀해주소서.
부모님의 음성을 들으면 바로 알듯이
주님의 말씀을 보고 들으며 깨달을 수 있게 하소서.

기도하겠습니다. 성령님의 인도하심을 따르게 하소서.
믿음의 선배들의 조언을 통해서도 주님의 뜻을 알려주소서.
제가 기대하지 못하는 방법으로도

주님의 뜻을 알려주실 때 잘 분별하게 하소서.
사도 바울을 통해 말씀해주신 대로
이 세대를 본받지 말게 하소서.
저의 마음을 새롭게 함으로 변화를 받는 일이 중요합니다.
하나님의 선하시고 기뻐하시고 온전하신 뜻,
바로 그 중요한 원칙으로 분별할 수 있는 지혜를 주소서.

늘 주님의 뜻을 기대하며, 기다리며 살아가게 하소서.
무엇보다 하나님의 뜻을 확신했다면
주저하지 않고 순종하는 용기를 주소서.
일하면서 결정을 해야 할 때도 확신을 가지고
실행할 수 있는 결단력을 주소서.
하나님을 믿는 사람의 뭔가 다른 분별력을
사람들에게 보여줄 수 있게 주님이 도와주소서.
예수님의 이름으로 기도합니다. 아멘.

❋ 참고 성구 : 롬 12:2.

제게 주신 비전을 성취하게 하소서

제 인생의 주인이신 하나님,
믿음의 선배들에게 비전을 주시고
평생 그 비전을 이루게 하신 분이 하나님이십니다.

솔로몬의 기도를 통해 배우겠습니다.
"나의 하나님 여호와여, 주께서 종으로 종의 아버지
다윗을 대신하여 왕이 되게 하셨사오나 종은 작은 아이라.
출입할 줄을 알지 못하고."
솔로몬은 하나님이 주신 비전을 알았습니다.
왕의 직무를 다하려고 할 때
부족한 자신의 모습을 깨달았습니다.
저도 연약함을 고백하오니 주님이 도와주소서.

"주께서 택하신 백성 가운데 있나이다. 그들은 큰 백성이라.
수효가 많아서 셀 수도 없고 기록할 수도 없사오니
누가 주의 이 많은 백성을 재판할 수 있사오리이까.
듣는 마음을 종에게 주사

주의 백성을 재판하여 선악을 분별하게 하소서."
자신의 할 일을 알았던 솔로몬에게 배웁니다.
저의 일, 비전을 이루기 위해 해야 하는 일을 잘 깨닫게 하소서.
그 일을 이루기 위해 필요한 능력을 구합니다.
듣는 마음을 통해 제대로 재판하기 원했던 솔로몬처럼
저의 일을 제대로 하기 위한 지혜를 저에게 주소서.

비전의 성취를 위한 기도가 저의 평생 기도가 되게 하소서.
한 번만 기도하는 것이 아니라 수시로 기도하겠습니다.
제 인생의 가장 중요한 기도로 삼겠습니다.
그래서 솔로몬처럼 하나님의 칭찬을 듣고 싶습니다.
"솔로몬이 이것을 구하매 그 말씀이 주의 마음에 든지라."
하나님이 맡기신 일을 이루어
세상에서 하나님을 영화롭게 하신
예수님의 이름으로 기도합니다. 아멘.

☼ 참고 성구 : 왕상 3:7-13, 요 17:4.

직업 선교의 비전을 갖게 하소서

우리가 증인의 삶을 살기 원하시는 하나님,
"오직 성령이 너희에게 임하시면 너희가 권능을 받고
예루살렘과 온 유대와 사마리아와 땅끝까지 이르러
내 증인이 되리라 하시니라."
우리가 세계 선교의 증인이 될 수 있도록 도와주소서.

사도행전의 주인공들이 바라보았던
'땅끝'에 제가 서 있습니다.
10-40창 지역에 선교가 필요한 많은 나라에는
목회자 선교사의 입국이 허용하지 않는다는 현실이,
차세대 선교의 주축은 직업 선교사임을 알게 해줍니다.

사도 바울과 흩어져 복음을 전한 초대교회 성도들,
친첸도르프 백작과 모라비안 형제단,
근대선교의 아버지 윌리엄 캐리의 전통을 이어
일하면서 선교하는 직업 선교사로 준비하게 하소서.
오늘은 저의 일터에서

선교사의 사명을 다하며 준비하겠습니다.
선교사의 영성과 직업인의 전문성을 준비하게 하소서.
주님이 부르시면 언제라도 갈 수 있도록 준비하겠습니다.

타 문화권에 가서 일하면서 선교하는 것이
결코 쉽지 않은 것을 잘 압니다.
그래서 오늘 직업 선교사로 훈련받기 원합니다.
선교적 사명을 위해 헌신하게 하시고
언제라도 부르시면 나갈 수 있도록 훈련받게 하소서.
직장인들을 직업선교의 세계로 부르시는
예수님의 이름으로 기도합니다. 아멘.

∴ 참고 성구 : 행 1:8, 28:28-31.
∴ 10-40창(window)은 선교단체들이 규정하는 유럽, 아시아,
    아프리카 지역의 북위 10-40도 사이에 있는 지역을 의미합니다.

청지기의 삶을 살게 하소서

세상 모든 것의 주인이신 하나님,
사람들은 자신의 알량한 소유를 자랑하지만
온 세상의 주인이신 하나님과 비교할 수 없습니다.

저를 낳아 길러주신 부모님과
제게 허락하신 배우자와 자녀들도
저의 인생에서 너무나 소중한 사람들입니다.
그 모든 것이 다 주님께서 주신 거룩한 관계입니다.
저의 미래도 모두 주님의 소유입니다.
창조명령을 통해 주신 저의 일도 주님의 것입니다.
"이는 만물이 주에게서 나오고
주로 말미암고 주에게로 돌아감이라.
그에게 영광이 세세에 있을지어다. 아멘."
제게 주신 모든 것을 통해 주님께 영광 돌리게 하소서.

주님이 주신 인생의 자원들을
최상의 상태로 관리해야 하는 청지기로 훈련받겠습니다.

"우리가 살아도 주를 위하여 살고 죽어도 주를 위하여 죽나니
그러므로 사나 죽으나 우리가 주의 것이로다."
바울의 고백처럼 사나 죽으나 제가 가진 모든 것이
주님의 것임을 고백하는 삶을 살게 하소서.

예배드리고 기도할 때만 청지기로 사는 것이 아니라
저의 모든 인생이 주님의 것임을 배우게 하소서.
청교도들처럼 일생생활의 중요성을 인식하여
삶 속에서 진정한 청지기로 살아가게 하소서.
제 것이 아닌 주인의 것을 가지고
허세 부리며 살지 않겠습니다.
제가 애써 번 돈이고, 제가 낳은 자식이라서 저의 것이라며
못된 주인의식을 갖지 않게 도와주소서.
주님이 주신 인생의 자원들을 잘 활용하여 칭찬받게 하시고
세상을 유익하게 하여 하나님을 기쁘시게 하도록 도와주소서.
예수님의 이름으로 기도합니다. 아멘.

※ 참고 성구 : 창 1:28, 롬 11:36, 14:8.

일터에서 믿음을 드러내게 하소서

세상으로 자녀들을 보내시는 하나님,
하나님이 예수님을 세상에 보내신 것같이
예수님이 우리를 세상으로 보내심을 찬송합니다.
주일에 드리는 예배를 통해 우리는 세상으로 파송받습니다.
목사님의 축복 기도를 받으며 우리는 세상으로 향합니다.
종교개혁의 후예들이 주일 예배 후에
교회 문을 잠그는 의식을 했다는 이야기를 기억합니다.
모인 교회에 머물지 말고 흩어진 교회로 가서
모인 교회의 대표선수로
살아야 한다는 뜻을 저도 배우겠습니다.

고속도로에 들어서서 목적지를 향해 자동차를 운전할 때,
휴게소에 들러 휴식하고 충전하는 것처럼,
교회에서 말씀으로 충전받아
사명의 장소인 일터로 출발하는
영적 순례의 의미를 분명하게 깨달아 알게 하소서.

제가 일하는 일터에 '비밀 그리스도인'이 많습니다.

1년, 2년, 3년을 함께 일하고 거래하면서도

교회에 나가는 것을 알 수 없는 사람들이 있습니다.

1세기에 우리 믿음의 선배들은

목숨이 위태로워 물고기 그림을 그리면서

지하 감옥을 헤매는 비밀 그리스도인으로 살았습니다.

그 영광스러운 이름이 무색해져 안타깝습니다.

제 자신도 비밀 그리스도인이 되지 않도록,

일터에서 믿음과 영성을 드러낼 수 있도록 인도해주소서.

교회에 다닌다는 티를 내고 싶지는 않습니다.

종교성을 드러내거나 무례함으로 비난받는 것이 아니라

하나님을 믿는 사람의 자연스러운 삶의 향기를 통해

사람들에게 진정한 크리스천으로 인식되게 하소서.

의무에 충실하면서 권리를 포기하고 희생하는

멋진 모습을 보이게 하소서.

그래서 일터에서 드러내는 진정한 믿음으로

하나님께 영광을 돌리게 하소서.

예수님의 이름으로 기도합니다. 아멘.

※ 참고 성구 : 요 17:18.

일터에서 복음을 전하겠습니다

길 잃은 영혼들이 돌아오기를 기다리시는 하나님,
저에게 베풀어주신 구원의 은총을 감사합니다.
제가 오늘 이곳에서 일하는 것이 길 잃은 영혼들에게
예수님을 전할 기회임을 알고 전도하겠습니다.
"너는 말씀을 전파하라.
때를 얻든지 못 얻든지 항상 힘쓰라."

일터에서 전도하기 위해 제가 먼저 준비되게 하소서.
다니엘처럼 능력 있는 직장인이 되겠습니다.
정직한 직장인이 되겠습니다.
사람들과 좋은 관계를 가질 수 있게 도와주소서.
주님을 만나지 못해 인생의 의미를 모르고
헤매는 동료들을 불쌍히 여기는 구령의 열정을 허락하소서.
성령의 역사하심을 기대하며
그 사람의 영혼을 바라보게 하소서.
한 사람을 택해 마음에 품고 기도하면서 시작하겠습니다.
아기를 임신하듯이 그 사람을 품어

기도하며 기회를 보겠습니다.

관계를 잘 형성할 수 있게 도와주소서.

일하며 대화하고 식사하며 교제할 기회를 마련하겠습니다.

기회가 주어지면 간증하겠습니다.

제가 만난 예수 그리스도를 소개하겠습니다.

용기를 내 복음을 전할 수 있게 인도해주소서.

사람들의 반응이 천차만별인 것을 잘 압니다.

구원은 오직 하나님께 달려 있사오니

저는 다만 기도하는 심정으로 전하겠습니다.

복음을 전하지만 영접하지 않는다 하더라도

그 접촉이 전도의 한 과정임을 기억하겠습니다.

교회나 신우회로 인도할 수 있도록

그 사람의 마음을 주장해주소서.

그리하여 한 영혼이 회심하는 놀라운 역사가

우리 일터에서 저를 통해 일어나도록 도와주소서.

예수님의 이름으로 기도합니다. 아멘.

✢ 참고 성구 : 딤후 4:2.

거룩한 습관을 연습하겠습니다

거룩하신 하나님,
예배받기를 기뻐하시는 하나님을 찬양합니다.
연약한 인간들이 드리는 여러 가지 영성의 훈련을
기쁘게 받으시는 하나님께 감사를 드립니다.

"망령되고 허탄한 신화를 버리고
경건에 이르도록 네 자신을 연단하라."
사도 바울의 가르침을 따라
경건을 훈련하기 위해 노력하겠습니다.
예배를 귀하게 여겨 영과 진리로 예배드리게 하소서.
말씀을 늘 묵상하고 읽고 암송하게 도와주소서.
기도로 인생의 방향을 잡아나갈 수 있도록 인도해주소서.
환난을 겪는 이웃을 구제하고 보살피게 하소서.
제 자신을 지켜 세속에 물들지 않게 하소서.
그래서 하나님 아버지 앞에서 정결하고 더러움이 없는
참된 경건을 지켜가게 도와주소서.

하지만 늘 충만한 마음상태로 그 일을 하기는 쉽지 않습니다.

그러나 마음이 전적으로 원할 때만 하겠다는

어리석음을 범하지 않겠습니다.

습관적으로 하지는 않으려고 노력하겠지만

습관을 따라 할 수 있도록 인도해주소서.

예수님이 세상에서 사역하실 때

습관을 따라 기도하셨던 것을 본받게 하소서.

모이기를 폐하는 어떤 사람들의 습관과 같이 하지 말고

습관을 따라 모이는 일을 게을리 하지 말게 도와주소서.

나태해질 때 다시 시작할 수 있는 용기를 주소서.

몸이 피곤할 때도

저의 중심과 열의를 보시는 주님을 의지하며

습관을 좇아 훈련하게 하소서.

거룩한 습관을 통해

하나님이 늘 기뻐하시는 삶을 살아가도록 인도해주소서.

예수님의 이름으로 기도합니다. 아멘.

∴ 참고 성구 : 눅 22:39, 딤전 4:7, 히 10:25, 약 1:27.

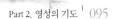

기도하지 않고는 일하지 않게 하소서

기도를 들어주시는 하나님 아버지,
쉬지 말고 기도하라고 바울을 통해 가르쳐주신
교훈을 따라 아버지께 기도합니다.
쉬지 말고 기도하는 것은
삶의 순간순간 하나님과 친밀하게 동행하는 태도인 줄 압니다.

가나안 땅을 정복할 때 기브온 사람들에게 속아
기도하지 않고 화친을 맺었던
여호수아와 같이 되지 않도록 도와주소서.
일을 하다 낭패를 본 후에야
"아차, 기도하지 않았구나!" 하고 후회합니다.
저의 연약함을 용서하여주시고 모든 일에 기도하게 하소서.

특히 중요한 일을 앞두고
특별하게 기도하신 주님을 닮게 하소서.
열두 제자를 선택하실 때 밤이 새도록 기도하셨던
그 모습을 닮게 하소서.

"하나님, 제가 아니고 하나님만이 하십니다"라는
고백을 저도 중요한 선택의 순간에 할 수 있게 도와주소서.
기도하지 않고 일하여 실수하지 않도록 인도해주소서.

일터에서 벌어진 문제를 가지고
늘 기도했던 다니엘을 배우게 하소서.
왕의 특별한 음식을 거부하는 문제도,
꿈의 내용도 듣지 않고 해몽해야 하는 어려운 문제도,
기도 금령이 내려 목숨이 위태로운 때도
기도하며 직장인의 바람직한 영성을 보여준
다니엘을 본받게 하소서.

주님께 수시로 저의 문제를 아뢰겠습니다.
일터에서는 하나님이 간섭하지 마시라면서
혼자 일하지 않게 하소서.
중요한 결정을 해야 할 때, 일터에서 겪는 일상의 문제들,
그 모든 것을 주님의 손에 올려드립니다.
기도하지 않고는 일하지 않게 하소서.
예수님의 이름으로 기도합니다. 아멘.

※ 참고 성구 : 수 9:14-15, 단 1:8, 2:17-19, 6:10-11, 눅 6:12-16, 삼상 6:17

삶 속에서 진정한 감사를 드리게 하소서

고마우신 아버지 하나님,
늘 인도해주심에 감사와 찬양을 올려드립니다.
하나님의 은혜와 사랑이 얼마나 큰지 알고 있는데
감사하는 대신 불평이 많았음을 용서하소서.
"너희 안에서 행하시는 이는 하나님이시니
자기의 기쁘신 뜻을 위하여 너희에게 소원을 두고
행하게 하시나니 모든 일을 원망과 시비가 없이 하라."

두렵고 떨림으로 이룰 우리의 구원과
성화의 과정에서 원망과 불평이 큰 장애가 됩니다.
불평하지 않고 감사할 수 있도록 도와주소서.
하나님의 크나큰 은혜에 대해
자기중심적이었던 저의 부족함을 회개합니다.
기껏해야 저의 가족 중심으로만 생각한
이기심을 용서해주소서.

말로 표현할 수 없는 구원의 큰 은총을 감사합니다.

졸지도 않고 주무시지도 않으면서
한순간도 소홀함 없이 보호해주심을 감사합니다.
저의 일터에서 감사를 연습하게 도와주소서.
사자 굴에 들어가 죽게 될 절박한 순간에도
하나님께 기도하기를 포기하지 않고
감사의 기도를 드렸던 다니엘을 기억합니다.
목숨 걸고 하나님께 감사했던 그 귀한 기도를 배우게 하소서.
감사함의 절박하고 안타까운 의미를 깨우치기 원합니다.
오늘 할 수 있는 감사를 기쁨으로 연습하게 도와주소서.

가장 분명하고 의미 있는 감사는
하나님을 믿는 제가 제대로 할 수 있음을
저의 일터에서 동료들에게 보일 수 있게 하소서.
그리하여 크리스천은 늘 감사하는 사람이라는
자랑스러운 감탄이 나오게 하여
하나님께 영광 돌리게 도와주소서.
예수님의 이름으로 기도합니다. 아멘.

※ 참고 성구 : 시 121:3-4, 단 6:10, 빌 2:12-14.

풍랑에도 흔들리지 않는 믿음을 주소서

온 우주를 창조하시고 운행하시는 하나님,

인생을 살다 보면

사나운 바람 부는 캄캄한 밤바다를 지나는 때가 있습니다.

호들갑을 떨 필요도 없지만 위기의식을

애써 감출 수도 없는 위험한 시기를 지날 때가 있습니다.

죄수의 몸으로 로마로 호송되던 사도 바울,

무리하게 출항하지 말자고 권유했으나 듣지 않고 떠난 배가

지중해 한가운데서 풍랑을 만났을 때

바울은 풍랑을 만난 사람의

가장 바람직한 모습을 보여주었습니다.

두려워하는 사람들을 위해 기도했던 사도를 배우게 하소서.

말씀으로 사람들을 위로하던 바울을 배우게 하소서.

구체적인 실행으로 위험한 상황을 헤쳐 가던

용기를 배우게 하소서.

풍랑을 만날 때 하나님의 사람의 모습으로

굳게 서기를 원합니다.

어려운 때 더욱 하나님의 능력을 보여줄 수 있게 하소서.

그래서 바울처럼 위기의 순간에

하나님을 전할 기회를 얻기 원합니다.

물론 사도 바울처럼 되기가 쉽지 않습니다.

풍랑이 몰아치는 바다에서 베드로처럼 빠지고 맙니다.

하지만 저도 풍랑이 두려워 빠질 때마다

바로 옆에 주님이 계신 것을 알고 소리치겠습니다.

"주여, 나를 구원하소서."

풍랑이 두려워 빠질 때마다 오셔서 저를 구해주소서.

"믿음이 작은 자여, 왜 의심하였느냐?"라고

책망하셔도 좋습니다.

그렇게 풍랑이 두려워 물에 빠질 때마다

주님께 소리쳐 구하며 다시 일어서게 하소서.

예수님의 이름으로 기도합니다. 아멘.

※ 참고 성구 : 마 14:22-33, 행 27:1-44.

진정한 성공을 추구하게 하소서

자녀들의 멋진 성공을 원하시는 아버지 하나님,
세상 사람들은 저마다 성공의 부나비를 쫓아다닙니다.
그중 일부 성취를 이룬 사람들의 찬란한 영화를 보고
한없이 부러워했던 저를 용서해주소서.
천하만국과 그 영광을 보여주며
엎드려 경배하면 그 모든 것을 다 주겠다던 사탄의 유혹,
그 치명적인 거래를 단호히 배격하신
예수님을 배우게 도와주소서.

하나님이 원하시는 성공을
세상의 성공과 혼동하지 않도록 인도하여주소서.
왜, 어떻게 성공해야 하는지 분명히 알게 하소서.
성공을 거부하며 태만을 합리화하는 삶을 살지 말게 하시고
인생의 최고 목적을 위해 성공을 징검다리로 생각하는
성경적인 성공관을 가지게 하소서.

어떤 경우라도 제가 추구하는 성공이

하나님의 뜻을 넘어서는 우상이 되지 말게 도와주소서.
만약 성공이 제게 우상이 된다면
저는 차라리 세상에서는 실패하고
하나님 앞에서 성공한 사람이고 싶습니다.

모세가 죽은 후 두려워 떨었던 여호수아에게
하나님이 말씀하신 성공 지침에 주목합니다.
말씀을 지켜 행하기 위해 노력하겠습니다.
좌로나 우로나 치우치지 않고 말씀을 따르겠습니다.
말씀을 주야로 묵상하면서
말씀대로 살아가기 위해 애쓰겠습니다.

말씀에 근거하여 하나님이 허락하시는
성공을 이루게 도와주소서.
그리하여 사람들을 돌보고 섬기며 세상을 유익하게 하는
멋진 성공자가 되게 인도하여주소서.
예수님의 이름으로 기도합니다. 아멘.

※ 참고 성구 : 수 1:7-8, 마 4:8-10, 요 17:4.

직업을 통해 저의 비전을 구체화시켜주소서

비전을 주시고 성취하게 하시는 하나님,
직업을 가지고 살아가는 저에게 주신 창조명령을
잘 수행하기 위해 기도합니다.
"생육하고 번성하여 땅에 충만하라, 땅을 정복하라,
바다의 물고기와 하늘의 새와
땅에 움직이는 모든 생물을 다스리라."

창조명령을 수행하여 비전을 성취하는 일이
바로 저의 직업을 통해 구체화되게 하소서.
세상을 다스리는 비전을 가진 아담이
에덴동산을 경작하고 관리하는 일을 했듯이
이스라엘의 조상이 되고
세상에서 복의 근원이 되는 비전을 가진 아브라함이
당대에 뛰어난 목축업자였듯이
저의 직업을 통해 비전을 이루어가게 하소서.

하나님이 제게 허락하신 일이

하나님의 섭리와 계획 속에 있음을 알기 원합니다.
제가 하는 일이 저의 비전을 성취하는 중요한 도구가 됨을
분명하게 깨달을 수 있도록 도와주소서.
일터에서 일하는 저의 모습을 보고
사람들이 하나님을 분명하게 볼 수 있게 인도해주소서.
제가 일하면서 보여주는 착한 행실을 통해
사람들이 하나님께 영광을 돌리게 하소서.

저에게 있어서 직업은
단순히 돈을 벌기 위한 수단이 아닙니다.
사람들이 자부하는 자아실현을 위한 도구만도 아닙니다.
하나님께 부여받은 비전을 가진 저에게 있어서
직업은 곧 사명임을 분명히 깨닫게 하소서.
사람들은 직업을 통해 개인의 야망을 드러냅니다.
돈을 많이 벌고 높은 지위에 오르면 성공했다고 생각합니다.
그런 세상의 풍조에 기울어지지 않고 비전을 성취하기 위한
목적과 방향을 잃지 않도록 늘 도와주소서.

일하는 연수가 쌓일수록 제가 하는 일 속에서
하나님이 제게 주신 비전의 모습을
구체화할 수 있게 도와주소서.

전직을 해야 할 때도 있겠고
직업으로 인한 어려움도 겪겠지만
그 모든 상황 속에서도
하나님이 주신 비전을 구체화시켜 나가게 인도하소서.
물론 저는 인생의 모든 계획 속에서
저의 걸음을 인도하시는 하나님을 늘 바라보겠습니다.
예수님의 이름으로 기도합니다. 아멘.

※ 참고 성구 : 창 1:28, 2:15, 잠 16:9, 마 5:16.

관계성의 기도

사람들에게 사랑스러워가게 하소서!

우리 일터에 복을 내려주소서

일터의 주인이신 하나님,
일터를 주관하시는 주님을 찬양합니다.
오늘도 우리가 일하는 회사를 위해 기도합니다.
늘 바쁘고 허둥대지만 아침마다 일어나서 출근하는 곳,
우리가 이 일터에서 일할 수 있는 것을 오늘도 감사합니다.

우리 회사에 속한 모든 사람이 인정하는 것은 아니지만
하나님만이 우리 회사의 궁극적인 주인이십니다.
우리 일터가 하나님이 부여하신 기업의 사명을
다하는 회사가 되게 하소서.
세상 사람들을 유익하고 복되게 하는 기업이 되기 원합니다.
우리 회사가 더욱 발전하며 이익을 내게 하시고
우리가 만든 제품이 고객들의 필요를 채울 수 있게 하소서.
그래서 우리의 서비스를 통해
지역 사회를 섬기고 민족에 기여하고
하나님의 나라를 온전히 세울 수 있도록 인도해주소서.

우리 회사에 속한 모든 사람을 주님이 복주시기 원합니다.

일하면서 어려움과 좌절도 겪고 여러 가지 한계도 경험합니다.

그러나 그 모든 어려움을 이겨내고

일의 즐거움을 만끽할 수 있게 하소서.

일을 통해 자신과 가족의 생활을 위한 돈을 벌고

보람과 의미를 찾아내고

결국 하나님이 주신 사명을 성취하게 하소서.

하나님, 앞으로도 우리 회사가

계속 번성할 수 있기를 기도합니다.

매출이 확대되고 시장 점유율이 높아지게 하소서.

고객들에게 좋은 평판을 얻게 하소서.

변화하는 기업환경 속에서 창의성과 아이디어를 주시어

새로운 개념의 서비스를 창출해 낼 수 있게 하소서.

진정한 변혁과 기술을 통해 우리 회사가 발전하기 원합니다.

우리의 고객들뿐만 아니라

우리와 거래하는 여러 사람과 기업들에게도 유익을 주는

복된 기업이 되도록 인도해주소서.

그래서 오래도록 사람들의 사랑을 받는 기업이 되게 하소서.

예수님의 **이름**으로 기도합니다. **아멘.**

화평하게 하는 자가 되게 하소서

세상에 진정한 샬롬을 주신 하나님,
육체로 이방인이었던 우리를 위해 중간에 막힌 담을
자신의 육체로 헐어내신 예수 그리스도를 찬양합니다.
예수님이 팔복을 통해 말씀하신 대로
화평하게 하는 자가 되게 도와주소서.
"화평하게 하는 자는 복이 있나니
그들이 하나님의 아들이라 일컬음을 받을 것임이요."

그저 사람 좋은 모습으로 화평하게 할 수 없음을 잘 압니다.
"모든 사람과 더불어 화평함과 거룩함을 따르라.
이것이 없이는 아무도 주를 보지 못하리라."
화평함과 더불어 거룩함을 분명하게 보일 수 있게 하소서.
크리스천다운 절제된 미덕을 보이게 하시고
원칙에 근거한 정직과 성실함을 나타내게 도와주소서.
사도 바울도 "할 수 있거든 너희로서는
모든 사람과 더불어 화목하라"고 교훈했습니다.
할 수 없는 것을 할 수 있다고 고집하지 않겠습니다.

목숨 걸어야 할 일,

목에 칼이 들어와도 포기할 수 없는 일에는

단호한 거룩함을 보이도록 용기를 주소서.

그렇지 않은 문제들에 대해서는

화평을 최우선의 가치로 여기겠습니다.

사소한 문제로 사람들을 잃지 않게 도와주소서.

자존심이 상한다고 가슴 아파하지 않고

치밀어 오르는 분노를 참아낼 수 있어야겠습니다.

저에게 피스메이커로서 필요한 자질을 허락해주소서.

거룩함을 잃지 않는 중재자가 되어

공정하고 따뜻하게 갈등을 풀어내는 역할을 하게 하소서.

사람들의 아픔을 치유하고 굳은 마음을 치료할

은사를 저에게 허락해주소서.

희생함으로써 크리스천의 향기를 드러내어

일터의 진정한 피스메이커가 되게 도와주소서.

예수님의 이름으로 기도합니다. 아멘.

※ 참고 성구 : 마 5:9, 롬 12:18, 엡 2:13-14, 히 12:14.

일터의 경영자들을 위해 기도합니다

사람 사이의 질서를 세우신 아버지 하나님,
"모든 사람을 위하여 간구와 기도와 도고와 감사를 하되
임금들과 높은 지위에 있는 모든 사람을 위하여 하라"는
말씀대로 우리 일터의 경영자들을 위해 기도합니다.

주님, 오늘 그들이 결단해야 하는 순간에
바른 판단을 하게 하소서.
무엇보다 가장 중요한 일이 무엇인지 제대로 판단하고
실행할 수 있게 하소서.
순간순간 결정하고 실행하는 일이
회사의 비전과 사명에 근거하게 하시고
인생의 큰 틀 안에서 지혜롭게 결정하게 하소서.

경영자들이 회사의 목표를 지향하여 일하게 하시되
사람들을 세우는 지도자가 되게 하소서.
한 사람도 똑같은 사람이 없다는 점을 그들이 깨닫게 하시고
아랫사람들의 능력을 찾아 발휘하게 하는

지혜를 경영자들에게 주소서.

그들이 자신의 부족함을 깨닫는 사람이 되기 원합니다.

그래서 더욱 하나님만 의지하며

하나님의 지혜를 구하게 하소서.

아랫사람들을 대할 때도 주님께 하듯이 하여

궁극적인 그들의 상사이신 하나님의 존재를 깨닫게 하소서.

저는 그분들을 잘 섬기겠습니다.

그분들에게 순종하기를 주님께 하듯이 하겠습니다.

눈가림만 하여 그분들의 마음에 들게만 행동하지 않고

기쁜 마음으로 주님을 섬기듯이 그분들을 대하겠습니다.

그렇게 순종할 수 있는 마음을 주소서.

특히 저의 입술을 지키겠습니다.

윗사람들을 향해 불손하거나

부정적인 표현을 하지 말게 하시고

진정으로 마음을 다해 윗사람들이 하는 일을 돕게 하소서.

그래서 우리가 함께 복된 일터를 만들어가게 하소서.

예수님의 이름으로 기도합니다. 아멘.

※ 참고 성구 : 엡 6:5-9, 딤전 2:1-2.

믿지 않는 동료들과 끈을 유지하게 하소서

죄인들을 사랑하시는 아버지 하나님,

세상 속에서 살아가면서

예수님이 하셨던 기도를 기억하며 기도합니다.

"내가 비옵는 것은 그들을 세상에서

데려가기를 위함이 아니요

다만 악에 빠지지 않게 보전하시기를 위함이니이다."

"내가 비옵는 것은 이 사람들만 위함이 아니요

또 그들의 말로 말미암아 나를 믿는 사람들도 위함이니."

믿지 않는 사람이 대다수인 일터에서

그들과 어느 정도 교류하며 지내야 합니까?

일과를 마친 후의 시간을 교회 중심으로 살다 보니

세상의 동료들과도 점점 멀어집니다.

예수님을 배우겠습니다.

"보라. 먹기를 탐하고 포도주를 즐기는 사람이요

세리와 죄인의 친구로다."

예수님은 왜 그런 비난을 들으면서

사람들이 손가락질하는
대표적인 세속인들과 함께하셨습니까?

사람들의 지적대로 주님은
세리와 죄인들의 친구가 되어 주셨습니다.
그렇게 함께 어울리며 지내신 그들을
결국 하나님 앞으로 인도해 내셨습니다.
주님의 기도대로 저도 반드시 세상에서 살아야만 합니다.
세상 사람들과 동화되지 않고 죄짓지 않게 지켜주소서.
그리고 그들과 함께 지내며 그들과 친구가 되고
우리가 주님 안에서 형제자매가 되는 은혜를 주소서.

우리 삶의 마당은 세상이고
그 세상 안에 있는 사람들과 부대끼며 일하고 살아가면서
결국 복음을 전해야 함을 알게 하소서.
예수님의 이름으로 기도합니다. 아멘.

❖ 참고 성구 : 눅 7:34, 요 17:15,20.

화가 날 때도 아비가일을 허락하소서

불의에 대해 진노하시는 하나님,
하나님의 공의로우심을 찬양합니다.
주님의 진노는 의로우신 속성 때문입니다.
예수님도 성전에서 장사하며 탐욕을 드러내고
예배의 본질을 훼손했던 자들을 향해 의분을 드러내셨습니다.
그런데 저는 그저 자존심이 상하거나 기분 나쁠 때
손해를 보거나 무시당할 때 화를 자주 냅니다.
그래서 화를 내고는 곧 후회합니다.
주님을 닮은 의분을 보여주지 못하는 저를 긍휼히 여겨주소서.

다윗 왕도 망명 시절에 크게 분노했던 적이 있습니다.
부자 나발에게 마땅한 대접을 받지 못하고 무시당했을 때
분노하면서 사람들을 이끌고 가서
그 집안사람들을 다 죽이려고 했습니다.
그때 하나님은 나발의 아내 아비가일을 보내셨습니다.
"내 주의 생명은 내 주의 하나님 여호와와 함께
생명싸개 속에 싸였을 것이요."

다윗이 그랬던 것처럼 저도 화가 났을 때
아비가일을 두어 범죄하지 않게 도와주소서.

저의 아비가일은 동료나 아랫사람일 수도 있겠습니다.
화를 내어 낭패를 본 기억도 되살려 주시고,
마음을 가라앉히고 기도할 수 있는 공간도 허락해주소서.
저의 아비가일을 통해 분노함으로 범죄하지 않기를 원합니다.
직장생활 속에서 예수님을 믿는 사람이기에
화를 내어야 할 때 화를 잘 못 내는 때도 잦습니다.
눈치 보지 말고, 책임에 대해 무관심하지 않고
분명하게 화난 감정을 표현할 수 있게 도와주소서.
아울러 화를 내더라도 죄를 짓지 말고
해가 지도록 분을 품지 않게 하소서.
저의 화내는 감정을 통해 마귀에게 틈을 주지 않게 도와주소서.
예수님의 이름으로 기도합니다. 아멘.

※ 참고 성구 : 삼상 25장(특히 29절), 시 7:11, 요 2:13-17, 엡 4:26-27.

일터에서도 우정을 키워가게 하소서

사랑하는 하나님 아버지,
우리를 친구 삼아주신 주님을 찬양합니다.
친구를 위하여 목숨을 버리면
그보다 더 큰 사랑이 없다고 하신 주님은
친히 그 진한 우정을 실천하셨습니다.
주님의 그 깊은 우정으로 제가 주님을 알게 되었습니다.
위계질서가 분명한 유교 문화의 영향으로
일터에서도 친구를 찾기는 쉽지 않습니다.
제 자신이 친구가 되기 위해 노력하게 도와주소서.

성경 속 우정의 모델, 다윗과 요나단을 기억합니다.
요나단은 이해관계를 따지지 않고 다윗을 사랑했습니다.
자신이 왕위에 오를 때
방해가 될 것이 뻔한 다윗을 사랑했습니다.
요나단처럼 이런 멋진 우정을 보일 수 있게 하소서.
요나단은 다윗을 끝까지 보호해주고
다윗은 요나단과 약속한 대로 후손들을 돌봐주었습니다.

저도 이런 멋진 우정을 나눌 친구를
일터에서 만날 수 있게 도와주소서.

마음을 터놓을 수 있는 친구가 있으면
출근길이 신날 것입니다.
일도 재미있고 팀워크도 발휘할 수 있습니다.
실용적인 이유보다 더 중요하게 삶을 함께 나누고
미래의 비전을 공유할 친구를 일터에서 만날 수 있게 하소서.
이런 우정을 확대하는 일이 중요합니다.
아랫사람에게도 진심을 보여주고
윗사람에게도 마음을 다하여 관심을 보이겠습니다.
예수님마저 우리의 친구가 되어주시는데
우리가 일터에서 친구 삼을 사람의
나이와 직급이 무슨 문제입니까?
우정으로 하나 되는 아름다운 일터가 되게 하여주소서.
예수님의 이름으로 기도합니다. 아멘.

※ 참고 성구 : 삼상 18:1, 삼하 1:26, 요 15:13-14.

유혹에 맞서 싸울 수 있는 용기를 주소서

거룩하신 하나님 아버지,
하나님의 거룩하심을 닮아
죄의 유혹을 이길 수 있도록 저를 도와주소서.
우리가 일하는 일터 현장은 공중의 권세 잡은 자가 조장하는
세상 풍조가 뒤덮고 있습니다.
그런 허물과 죄 속에서 살 수밖에 없었으나
하나님이 우리를 그리스도와 함께 살리셨습니다.
이제 세상 속에서 살지만 하나님의 거룩하심을 본받아
죄의 유혹에 맞설 수 있게 도와주소서.

일하고 살아오면서 수많은 거짓말을 했습니다.
용서해주소서.
욕심을 따라, 위기를 모면하기 위해, 체면의식으로
거짓말을 하지 않게 저의 영혼과 입술을 주장해주소서.
당장 급해서 했던 거짓말이 어떤 결과를 낳았는지 기억나서
거짓말 대신 진실을 말할 수 있는 거룩한 두려움을 허락하소서.

관행의 이름으로 저질러지는 비리의 현장에서도
담대함을 허락하소서.
하나님의 이름으로 그 잘못을 지적할 용기가 필요합니다.
대안을 찾아보자고 동료들을 설득할 수 있게 하소서.
윗사람에게 조언할 때 그가 수긍할 수 있게 도와주소서.
왕따를 당하더라도 굴복하지 않게 하시고
"그래! 본래 왕은 따로 논다!"고 웃어줄 수 있게 하소서.
그렇게 답답하게 일해서 어떻게 돈을 버냐고 핀잔을 들어도
바르게 돈 버는 것이 결국 인정받고 복받는 것이라고
당당하게 말할 수 있는 용기를 주소서.

막상 제 앞에 거짓과 비리의 상황이 닥치면
용기 내기가 쉽지 않습니다.
주님이 도와주셔서 담대하게 하소서.
우리 크리스천들이 힘을 합해 애씀으로써
우리의 일터 현장에서 거짓을 추방할 수 있게 하소서.
예수님의 이름으로 기도합니다. 아멘.

※ 참고 성구 : 요 8:44, 엡 2:1-5.

성적 유혹을 이겨낼 수 있게 하소서

성을 창조하시고 사람에게 복 주신 하나님 아버지,
하나님이 복 주신 부부의 울타리 안에서 누리는
귀한 성적 축복으로 인해 감사드립니다.

하지만 울타리를 벗어난 탐욕이
오늘 우리를 심각하게 위협합니다.
일터에서도 유혹과 위험에 노출되어 있습니다.
컴퓨터 모니터 안에서,
옆자리의 이성 직원으로부터,
휴식시간의 대화 속에서,
둘만 남게 된 공간에서,
출장을 가서 긴장이 풀어진 때,
회식을 빙자해 야수 본능을 드러내는 사람들로부터,
근본적으로 저의 마음속 생각으로부터
수도 없이 성적 유혹을 받습니다.

기준을 분명하게 세우겠습니다.

간통죄가 폐지되었지만 잠언 말씀은 분명하게 지적합니다.
남의 아내와 통간하는 자는 숯불을 밟는 것이고
"그를 만지는 자마다 벌을 면하지 못하리라."
만지는 일도 하지 말게 하소서.
예수님의 말씀을 기억합니다.
"음욕을 품고 여자를 보는 자마다
마음에 이미 간음하였느니라."
일터에서 일하는 동료와 만나는 사람들을 주님 안에서
아버지와 같이, 형제와 같이, 어머니와 같이,
자매와 같이 대할 수 있게 도와주소서.

일터에서 성적 유혹을 이겨내기 위해
교만하지 않게 하시고 어려움이 있을 때마다
아내와(남편과) 그 문제를 솔직하게 나누며
함께 기도하기를 원합니다.
주님이 도와주셔서
성적 유혹에 미혹되지 않도록 보호해주소서.
예수님의 이름으로 기도합니다. 아멘.

※ 참고 성구 : 잠 6:29, 마 5:28, 딤전 5:1-2.

아굴의 기도를 배우게 하소서

재물 얻을 능력을 주시는 하나님,
제가 일하면서 돈을 벌 수 있음으로 인해 감사합니다.
세상 모든 사람에게 민감한 돈 문제에 대해
잠언 기자 아굴의 기도를 통해 배우기를 원합니다.

"헛된 것과 거짓말을 내게서 멀리 하옵시며
나를 가난하게도 마옵시고 부하게도 마옵시고
오직 필요한 양식으로 나를 먹이시옵소서.
혹 내가 배불러서
'하나님을 모른다. 여호와가 누구냐?' 할까 하오며
혹 내가 가난하여 도둑질하고
내 하나님의 이름을 욕되게 할까 두려워함이니이다."
일을 하다 보면 돈을 좀 더 벌고 손해를 좀 덜 보려는
헛된 욕심 때문에 거짓말을 합니다.
욕심으로 인한 거짓말과 거짓 행동을 용서해주소서.
아굴을 따라 거짓말하지 않는 법을 배우기 원합니다.
오직 필요한 양식으로만 먹여달라는 기도가

저의 기도가 되기를 원합니다.

재물 얻을 능력을 주시는 하나님께

부자가 될 수 있게 해달라고 기도할 수 있으나

필요한 만큼만 허락해 달라는 기도는 믿음입니다.

제 자신을 잊을 정도로 부유하게 하지 마소서.

부자가 되는 것이 언제나 축복은 아닌 것을 압니다.

주릴 정도로 가난하게도 하지 마소서.

하나님께 영광을 돌리는 삶을 위해

제게 필요한 양식으로 먹여주소서.

꿈도 없고 목표도 없는 재정생활을 하지는 않겠습니다.

비천에 처할 줄도 알고 풍부에 처할 줄 알라며

자족의 비결을 가르쳤던 사도 바울의 교훈을 배우게 하소서.

제가 모든 것을 할 수 있게 하시는 분,

제게 능력 주시는 분, 예수님의 이름으로 기도합니다. 아멘.

※ 참고 성구 : 신 8:18, 잠 30:7-9, 빌 4:11-13.

사람을 남기는 직장생활이 되게 하소서

사람을 사랑하시는 하나님,
주님의 사랑으로 구원받았음을 감사드립니다.
한 영혼이 천하보다 귀함을 주님이 가르쳐주셨습니다.
주님의 가르침대로 사람을 귀하게 여기도록 도와주소서.

사람보다 일, 또 그 일보다 돈에 우선순위를 두고
성과를 내라고 요구하는 세상의 목소리가 큽니다.
그렇게 일하다 보면 성취를 이루어도 사람을 잃습니다.
관계에서 실패하고 얻은 성공,
남아 있는 사람은 하나도 없고
홀로 얻는 영광은 상처가 너무 큽니다.

하나님이 사람들을 귀하게 여기시듯
저도 성공보다 사람을 귀하게 여길 수 있기를 원합니다.
함께 일하는 일터의 동료들이
경쟁자이기도 하고, 때로 가시 같은 존재이기도 하지만
결국 그들로 인해 저의 직장생활이 의미가 있습니다.

물고기 잡던 베드로를 부르신 주님은

그에게 사람을 취하게 될 것이라고 하셨습니다.

저도 결국 일터에서 사람을 세우고 그들을 남기게 도와주소서.

함께 일하는 윗사람, 아랫사람, 그리고 동료들과 함께

보람되게 일하여 일의 성과를 나누겠습니다.

어렵고 힘든 일도 함께 풀어갈 수 있게 도와주소서.

또한 함께 일하는 동료들 가운데

복음사역의 동역자가 나올 수 있게 도와주소서.

제가 그에게 복음을 전하여 그를 세우겠습니다.

일터에서 복음을 전하는 전도자가 되도록 세우겠습니다.

그리하여 제가 일하는 곳이

사람들이 구원받고 세움받아 또 다른 사람들을 세우는

멋진 복음사역의 현장이 되도록 도와주소서.

"죄인 한 사람이 회개하면 하늘에서는 회개할 것 없는

의인 아흔아홉으로 말미암아 기뻐하는 것보다 더하리라."

한 영혼의 회심을 기뻐하시는

예수님의 이름으로 기도합니다. 아멘.

※ 참고 성구 : 막 8:36, 눅 5:10, 15:7.

출장을 갈 때도 하나님의 사람답게 하소서

이 세상 어느 곳에나 계신 하나님 아버지,
시편 기자의 노래가 저의 고백입니다.
"내가 하늘에 올라갈지라도 거기 계시며
스올에 내 자리를 펼지라도 거기 계시니이다."

일상을 벗어나 출장을 가면 리듬이 깨지는 때가 있습니다.
출장 기간에도 마음이 풀어지지 않고
그곳에도 어김없이 계신 주님을 느끼게 하소서.
특히 장거리나 해외 출장을 갈 때면
일탈의 기회를 즐기는 동료들도 있습니다.
함께 행동하다 보니 엉뚱한 곳으로 몰려가기도 합니다.
하나님께, 가족에게 죄가 되는
부끄러운 행동을 하지 않도록 주님이 붙들어주소서.
간교한 여인에게 빠져 화살이 간을 뚫고
도수장으로 끌려가는 소와 같은 신세가 되지 않도록
주님이 저를 지켜주소서.
성적 유혹 앞에서는 요셉처럼 도망가게 하소서.

오락이나 방탕의 유혹 앞에서도 대응할 용기를 주소서.
죄를 짓지 않겠다고 분명하게 거절할 수 있게 도와주소서.

아브라함의 명령으로 출장 갔던 엘리에셀을 기억합니다.
자신의 임무를 완수하기 위해 분명하게 확인하고
하나님께 기도하고 서원했습니다.
"우리 주인 아브라함의 하나님 여호와여,
원하건대 오늘 나에게 순조롭게 만나게 하사
내 주인 아브라함에게 은혜를 베푸시옵소서."

책임을 다하기 위해 노력하여 사명을 완수해 낸
그 멋진 늙은 청지기처럼
출장의 목적을 잘 파악하여 임무를 완수하게 도와주소서.
아울러 해외로 나가더라도
어떤 열악한 환경이더라도
주일에 함께 예배할 사람들과 예배의 장소를 예비해주소서.
어디에나 계신 하나님께 경배하며 영광을 돌리게 하소서.
예수님의 이름으로 기도합니다. 아멘.

※ 참고 성구 : 창 24:12, 신 7:1-25, 시 139:8-10.

아름다운 노사관계가 되게 하소서

사랑하는 하나님 아버지,
흔히 '노사'(勞使)라는 단어 뒤에는
갈등이라는 단어가 자주 따라오는 점이 안타깝습니다.
우리 회사와 이 땅 기업들의 노사관계를 위하여 기도합니다.

기업이 규모를 확대하다 보면 조직의 특성이 드러나고
이익을 추구하는 기업의 특성상
노동조합과 같은 견제세력이 필요한 것은 당연합니다.
사측이 노조를 파트너로 인정할 수 있게 하여주소서.
또한 노조 측에서는 기업 운영의 어려움을 이해하고
화합하여 기업을 발전시키는 역할을 하게 하소서.

성경에서도 라반과 야곱은 좋지 않은 노사관계를 보여줍니다.
라반은 사측의 입장에서 노동자인 야곱의 임금을
열 번이나 삭감하고 노동력을 착취했습니다.
또한 야곱도 라반의 재산으로 자신의 재산을 늘리는
일종의 편법을 사용하며 복수했습니다.

보아스와 그의 종들의 관계를 배우게 하소서.

"여호와께서 너희와 함께하시기를 원하노라."
사장인 보아스가 직원인 종들에게 이렇게 축복합니다.
"여호와께서 당신에게 복 주시기를 원하나이다."
그 축복을 받아서 직원들은 역시 사장을 축복하며 화답합니다.
서로 축복하는 이 아름다운 곳, 보아스의 일터처럼
우리의 일터가 하나님의 복이 넘치는 곳이 되게 하소서.

이렇게 서로를 생각해주는 노사관계가 될 수 있다면
극한 대립을 막아낼 수 있을 것입니다.
축복할 수 있는 특권을 가진 우리 크리스천들이
변화를 시도할 수 있게 도와주소서.
그래서 노사 간의 간격을 좁히고
바람직한 관계를 모색하는 촉매의 역할을 하게 도와주소서.
예수님의 이름으로 기도합니다. 아멘.

※ 참고 성구 : 창 31:5-12, 룻 2:3-4.

중보기도의 특권을 잘 활용하게 하소서

우리의 기도를 들어주시는 하나님,
주님께 부족함을 내어놓고 기도할 수 있으니 감사합니다.
직장생활에서 큰 비중을 차지하는 인간관계에서
하나님의 사람다울 수 있는 지혜를 간구합니다.

아랫사람에게 충고를 해야 할지,
윗사람에게 직언을 해야 할지 망설이는 때가 잦습니다.
충고나 직언을 해서 효과를 거둔 경우보다
낭패를 겪은 때가 더 잦았습니다.
잠언 기자의 교훈을 새기겠습니다.
"거만한 자를 책망하지 말라.
그가 너를 미워할까 두려우니라.
지혜 있는 자를 책망하라.
그가 너를 사랑하리라."

충고를 제대로 들을 사람은 그리 많지 않은 듯합니다.
충고를 제대로 잘하기 위해서라도

먼저 중보기도할 수 있게 인도해주소서.

나중에 충고를 하게 되더라도 먼저 상황을 잘 파악하고

준비할 수 있어야 하겠습니다.

그래서 기도하는 일이 더욱 급하고 당연합니다.

관계에서 어려움을 겪을 때 그 문제를 가지고

주님께 나아가 엎드릴 수 있도록 저를 깨우쳐주소서.

감정이 상해서 뾰족한 상태인 사람들끼리

억지로 문제를 풀려하지 않고

하나님의 손에 그 문제들을 올려드립니다.

주님이 풀어주소서.

사람의 마음을 주관하시는 하나님,

그 사람의 마음을 열어주시고

태도를 바꿀 수 있게 도와주소서.

무엇보다 제가 먼저 마음을 열고 변화되게 인도해주소서.

그래서 관계도 잃지 않고

충고의 효과도 얻을 수 있게 도와주소서.

예수님의 이름으로 기도합니다. 아멘.

※ 참고 성구 : 잠 9:8

아랫사람을 위해 중보기도합니다

중보기도를 들으시는 하나님,
소돔 성을 멸망으로부터 구하기 위해 기도하던
아브라함의 중보기도를 하나님이 기뻐하셨지요?
사람들을 구하기 위해 그렇게 여러 차례
하나님과 협상하는 모습을 상상하니 아름답습니다.

일터에서 아랫사람들과 겪는 어려움도 만만치 않습니다.
아랫사람들을 대하는 법도 배우기 원합니다.
목회자들은 성도들의 이름을 불러가며 기도하듯이
저도 아랫사람들을 위해 기도하고 있는가 돌아봅니다.
저의 부족함을 용서하시고 긍휼히 여겨주소서.
백성들을 위해 기도하기를 쉬지 않았던 사무엘의 고백이나
빌립보 교인들을 생각할 때마다 기도한다던 바울의 고백이
목회자들에게만 해당되는 교훈이 아닙니다.
아랫사람을 위해 중보기도하는 사명을 깨닫게 도와주소서.

아랫사람이 무능하거나 모자라는 부분이 있을 때

답답하고 화가 납니다.

그 모자라는 부분을 도와줄 책임이 제게 있습니다.

먼저 아랫사람의 힘든 부분을 위해 기도하겠습니다.

하나님이 도와주시어서 자신을 잘 깨닫고

자기계발에 힘써서 회사에 꼭 필요한 사람이 되게 해주소서.

아랫사람이 하는 일이 마음에 들지 않고

저에게 도움이 되지 않는다는 생각이 들 때

괜히 미워하게 됩니다.

화부터 먼저 납니다.

이런 피해의식에서 벗어나게 도와주소서.

함께 가야 할 공동체 구성원임을 깨닫고

마음을 다해 아랫사람을 도와줄 수 있게 해주소서.

그의 영혼과 육신을 주님이 긍휼히 보시고

자신의 역할을 다하도록 인도해주소서.

예수님의 이름으로 기도합니다. 아멘.

※ 참고 성구 : 삼상 12:23, 빌 1:3.

윗사람을 위해 중보기도합니다

자녀들의 기도에 응답하시는 하나님,
일터의 윗사람들을 위해 하나님께 중보기도하기 원합니다.

선하고 관용하는 윗사람만이 아니라
까다로운 상사에게도 순종하라고 하셨습니다.
"죄가 있어 매를 맞고 참으면 무슨 칭찬이 있으리요."
저의 잘못으로 인한 고난이라면 마땅한 벌을 받겠습니다.
"그러나 선을 행함으로 고난을 받고 참으면
이는 하나님 앞에 아름다우니라."
제게 잘못이 없다면 주님의 칭찬을 기대하겠습니다.
주님이 판단해주소서.

"이를 위하여 너희가 부르심을 받았으니
그리스도도 너희를 위하여 고난을 받으사
너희에게 본을 끼쳐 그 자취를 따라오게 하려 하셨느니라."
그리스도께서 애매하게 고통받는 본보기를 보여주셨습니다.
윗사람으로 인해 겪는 당연한 어려움을

주님의 십자가 고난의 자취를 따르듯 감당할 수 있게 하소서.

하지만 윗사람들에게 죄짓는 일은 배우지 않기 원합니다.
윗사람이 줄 수 있는 악한 영향력에 대해
거절할 수 있는 단호함을 주시고
저는 그런 모습을 닮지 않는 단절의 용기를 주소서.

까다로운 상사를 위해 기도하게 하소서.
그분을 위해 자주 기도하지 못했습니다.
그분에 관해 잘 알지 못하는 점이 많기도 합니다.
그분의 인생 목표와 업무 스타일, 성격과 가정, 인생 스토리 등
개인적인 부분들을 알아서 그분을 위해 기도하겠습니다.

저나 함께 일하는 동료들과의 관계를 위해서도 기도합니다.
잘 모르고 서툴러서 생긴 관계의 위기로
많은 것을 잃는 안타까운 상황이 생기지 않도록
주님께서 도와주소서.
예수님의 이름으로 기도합니다. 아멘.

※ 참고 성구 : 벧전 2:18-21.

용서의 미덕을 배워 실천하게 하소서

죄인들을 용서하시는 하나님,
많은 사람이 용서를 기다립니다.
직장생활을 하면서 우리는 많은 갈등을 겪습니다.
그래서 용서의 필요를 부정하는 사람은 없습니다.

그런데 용서가 너무 어렵고 감당하기 힘듭니다.
용서는 성자들이나 실천할 수 있는 미덕이지
저와 같이 죄 많은 사람에겐 해당이 안 된다는 생각도 듭니다.
이삭도 생존이 걸린 우물을 빼앗기면서 분노했습니다.
다윗도 사울 왕이 창을 던져 죽이려 들 때
그도 역시 사울 왕을 죽이고 싶을 만큼 미워했을 것 같습니다.
다윗은 아랫사람인 요압 장군과도 끝내 용서하지 못하는
갈등 관계를 겪었습니다.
요셉도 평생토록 용서와 관련하여
감정의 싸움을 계속했습니다.

용서가 쉽지 않습니다.

일하는 현장에서 더욱 어려움을 겪습니다.

사람들이 저를 이해해주지 않아 야속하기도 합니다.

용서할 수 있게 저를 도와주시기 원합니다.

"서로 친절하게 하며 불쌍히 여기며 서로 용서하기를

하나님이 그리스도 안에서 너희를 용서하심과 같이 하라."

그리스도를 따라 용서할 수 있게 하소서.

주님은 억울한 죽음을 당할 때 그들을 위해 기도하셨습니다.

"아버지, 저들을 사하여주옵소서.

자기들이 하는 것을 알지 못함이니이다."

자신을 죽인 그 사람들도 용서하신 주님을 따르겠습니다.

함께 일하다 보면 서로 갈등이 깊어지는 관계가 있습니다.

불쑥불쑥 마음 아팠던 일이 기억나고

화가 치밀어 오르기도 합니다.

그때 십자가의 예수 그리스도를 본받는 마음을 주소서.

"용서하라. 그리하면 너희가 용서를 받을 것이요."

주님의 말씀을 기억하며 용서의 큰 길로 들어서게 도와주소서.

큰 용서를 친히 보여주신 예수님의 이름으로 기도합니다. 아멘.

※ 참고 성구 : 눅 6:37, 23:34, 엡 4:32.

백부장의 인간관계를 배우기 원합니다

사람들을 사랑하시는 하나님,
예수님께 이스라엘 중에서도 이만한 믿음은
만나보지 못했다고 칭찬들은 백부장을 통해
관계의 교훈을 얻기 원합니다.

로마인인 백부장은 사랑하는 종이 병들었을 때
예수님께 간구했습니다.
저도 아랫사람을 이렇게 사랑할 수 있게 도와주소서.
아랫사람이 몸이 아파 출근하지 못한다고 하면
바쁠 때 하필 아프냐고 푸념하지 말고
진정으로 아랫사람을 사랑하게 도와주소서.

백부장은 유대인 장로들과 친분을 유지했습니다.
유대인과 주둔군 책임자 사이에
이런 우정이 있었다니 놀랍습니다.
백부장이 동료들을 위해 회당을 지어주었습니다.
장로들이 "이 사람은 우리 민족을 사랑했다"고 하니

백부장이 동료들을 향해 보여준 헌신이 놀랍습니다.
저도 제가 가진 것을 나누며 헌신할 수 있게 도와주소서.
희생하며 동료들을 세워줄 수 있게 하소서.

내 집에 오심을 감당치 못하겠다고 한 백부장은
예수님을 오라 가라고 명령한 것 같아 마음 아팠습니다.
윗사람을 향한 이런 멋진 존경심을
저도 배울 수 있게 도와주소서.
윗사람은 윗사람이기에 존경받아 마땅함을 알게 하시고
마음을 다해 섬길 수 있도록 인도해주시기 원합니다.

"말씀만 하사 내 하인을 낫게 하소서."
백부장은 예수님을 능력 있는 의사로만 본 것이 아니고
말씀으로 병을 고칠 수 있는 하나님으로 인정했습니다.
그가 '이스라엘 중에서도 만나보지 못할 믿음'이라고
예수님의 칭찬을 들은 이유를 알겠습니다.
백부장이 보여준 윗사람, 동료, 아랫사람을 향한 믿음을
저도 배워 일터에서 칭찬받는 인간관계를 갖게 하소서.
예수님의 이름으로 기도합니다. 아멘.

※ 참고 성구 : 눅 7:1-10.

예수님께 겸손을 배우겠습니다

교만한 자를 미워하시는 하나님,
생각해보면 직업세계에서는
겸손은 별로 어울리지 않는 미덕인가 봅니다.
겸손한 사람이라고 하면
남들에게 싫은 소리도 못하고,
한없이 연약하고 우유부단해 보이고,
무엇보다 적극적인 목표의식을 가지고 성과를 이루어
성공하는 직장인과는 어울리지 않아 보이는 것이 사실입니다.

하나님과 본질상 동등하신 예수님이
종의 형체를 가져 사람의 모습으로 세상에 오신
성육신을 배우기 원합니다.
십자가에서 죽기까지 복종하신
근원적인 겸손을 배우게 하소서.
어떻게 주님은 그런 결심을 하셨습니까?
하나님으로서 불가능하고 수치스러운 죽음을 경험하셨다니요?

"나는 마음이 온유하고 겸손하니

나의 멍에를 메고 내게 배우라."

주님의 가르침을 따라 겸손을 배우겠습니다.

주님의 쉽고 가벼운 멍에를 지고 진정한 쉼을 얻게 하소서.

다투고 안달하고 높아지려고 노심초사하지 않아도

주님이 주시는 참된 안식으로 평안을 얻게 도와주소서.

제 자신에게 다른 사람보다

더 큰 가치를 부여하지 않겠습니다.

다른 사람들보다 내가 더 가진 것이 많고

더 많이 배웠기에 우월하다고 생각하지 않겠습니다.

허영심을 버리게 하소서.

말이 마음가짐과 태도를 담고 있습니다.

무시하거나 무의식중에 경멸하지 않게 도와주소서.

나를 드러내기보다 다른 사람을 세워주게 하시고

누구에게서든 배우는 자세로 사람들을 대하게 하소서.

예수님의 이름으로 기도합니다. 아멘.

※ 참고 성구 : 잠 16:5, 마 11:28-30, 빌 2:5-8.

성경적인 재물관을 갖게 하소서

온 우주의 소유주이신 하나님,
돈의 논리에 따라 움직이는 세상에서 이리저리 휘둘리지 않고
하나님이 허락해주신 물질과 재정의 은혜에
늘 감사하며 살아가게 도와주소서.

돈이 모든 것을 해결해주는 기능을 갖지만
"돈을 사랑함이 일만 악의 뿌리"라는 말씀을 명심하게 하소서.
"탐내는 자들은 미혹을 받아 믿음에서 떠나
많은 근심으로써 자기를 찔렀도다."
돈에 대한 근심이 탐욕 때문임을 깨닫게 도와주소서.

"네 보물 있는 그곳에는 네 마음도 있느니라."
"하나님과 재물을 겸하여 섬기지 못하느니라."
주님이 말씀하신 재정의 원리에 입각하여
저와 우리 가족의 마음을 다스리게 하소서.
기도하지 않고 염려만 하는 제가 한심합니다.
먹을 것을 염려하지 말게 하소서.

입을 것을 염려하지 말게 하소서.

건강을 염려하지 말게 하소서.

돈과 미래에 대해 염려하지 말게 하소서.

근심하는 대신 필요한 것을 위해 주님께 기도하겠습니다.

주님의 공급하심을 믿고 기도하게 하소서.

대량생산과 대량소비가 미덕인 자본주의는

남부럽지 않게 우아하게 살라고 부추깁니다.

광고에서는 멋진 아파트와 번쩍거리는 차를 위해

인생의 모험을 시도하라고 유혹합니다.

그런 겉멋에 휘둘리지 않도록 도와주소서.

예수님의 이름으로 기도합니다. 아멘.

※ 참고 성구 : 전 10:19, 마 6:21,24, 눅 18:18-24, 빌 4:6, 딤전 6:10.

돈을 버는 성경적 원리를 배우게 하소서

일하여 돈을 벌 수 있는 일터를 허락하신 하나님,

치열하게 돈을 버는 일터 현장에서

돈을 버는 바람직한 원리를 배우게 도와주소서.

일의 사명을 알고 일하는 기쁨을 느끼기 원합니다.

"너희 손으로 일하기를 힘쓰라."

하나님이 주신 노동의 보람을 느끼며 돈을 벌게 해주소서.

많은 사람이 일확천금을 노립니다.

"자기의 토지를 경작하는 자는 먹을 것이 많으려니와

방탕을 따르는 자는 궁핍함이 많으리라."

환상을 좇아가며 속히 부자가 되려고 하면

형벌을 면하지 못한다고 하셨습니다.

투기의 유혹에 빠지지 않게 도와주소서.

횡재했다는 동료들의 말에 솔깃하지 않도록 도와주소서.

하나님은 하나님께 바치는 돈의 액수보다는 색깔을 보십니다.

"창기가 번 돈과 개 같은 자의 소득은…

네 하나님 여호와의 전에 가져오지 말라."

저도 일을 하면서 정직하게 돈을 벌게 하소서.

결과보다는 과정을 더욱 중요하게 여기겠습니다.

부정한 방법이라면 포기할 용기를 주시고

오랜 관행이었더라도 단번에 그만 둘 용기를 주소서.

덜 벌더라도 정직할 수 있게 인도해주소서.

그저 돈을 많이 벌면 하나님을 위해 쓰겠다는,

하나님은 전혀 원하시지 않는 억지를 부리지 않게 도와주소서.

하나님이 허락하신 귀한 일터에서 힘쓰고 노력하여

정당하게 돈을 버는 멋진 그리스도인이 되기 원합니다.

예수님의 이름으로 기도합니다. 아멘.

※ 참고 성구 : 신 23:18, 잠 28:19-20, 살전 4:11.

돈을 잘 쓰는 크리스천이 되게 하소서

우리에게 경제적인 책임을 부여하신 하나님,
돈을 제대로 잘 버는 것도 중요하지만
돈을 어떻게 쓸 것인지 잘 알기 위해 기도합니다.

아무리 많은 돈을 벌어도
과소비를 감당할 수 없음을 잘 압니다.
소득과 균형을 이루는 소비를 할 수 있게 도와주소서.
필요를 느끼는 것이 있지만 정작 필요한 것이 아닌데도
욕심이 생기는 것을 제어할 수 있게 인도해주소서.
광고의 영향력보다 큰 믿음이 우리에게 필요합니다.
이웃 사람을 따라 하느라
크리스천다움을 포기하지 않게 도와주소서.
사교육비 지출을 무작정 따라하지 말게 해주시고
아파트에 목숨 걸고 무리하여
평생 과도한 짐을 지지 않게 도와주소서.

때로 분수를 넘어서는 경건한 과소비도 필요합니다.

기도하며 판단하고 가족과 합의하여
쓸 곳에는 쓸 수 있는 용기를 주시기 원합니다.
하지만 빚 없는 생활을 원칙으로 삼게 하소서.
미래를 위한 준비로 우선 저축할 수 있기 원합니다.
부화뇌동하지 않고 제대로 판단하여 투자도 하게 하시되
허황되고 급한 마음으로 투기에 빠지지 않게 도와주소서.

무엇보다 모든 소득이 주님의 것이라는 고백으로
하나님께 드리는 헌금생활을 제대로 하게 도와주소서.
십일조와 감사헌금과 각종 헌금들을 드릴 때
인색함으로나 억지로 하지 말고 감사함으로 하게 하소서.
또한 힘든 이웃들과 하나님이 주신 복을 나누는
구제의 기쁨을 알게 하소서.
"너희는 먼저 그의 나라와 그의 의를 구하라.
그리하면 이 모든 것을 너희에게 더하시리라."
예수님의 이름으로 기도합니다. 아멘.

※ 참고 성구 : 잠 3:9-10, 전 11:1-2, 마 6:33-34, 25:27, 고후 9:7, 딤전 6:18.

먼저 사과하는 사람이 되게 하소서

자녀들이 모든 사람과 화목하기를 원하시는 하나님,
주님은 예물을 제단에 드리는 일보다
먼저 형제와 화목하라고 가르쳐주셨습니다.
"먼저 가서 형제와 화목하고 그 후에 와서 예물을 드리라."

사람이 완벽하지 않다는 사실을 제 자신이 잘 압니다.
제가 많은 실수를 합니다.
그런데도 잘못을 시인하기가 쉽지 않음을 고백합니다.
저의 자존심 때문이기도 합니다.
권위에 손상을 입는다고 생각하기 때문입니다.
사과할 수 있도록 주님이 도와주소서.

생각나게 하소서.
사소한 일이라도 제가 사람들에게
아픔을 주거나 잘못한 것이 있다면 기억나게 도와주소서.
기억난다면 복잡하게 생각하여 주저하지 말고
사과할 수 있는 용기를 저에게 주시기 원합니다.

"죄송합니다."

"제 잘못입니다."

이런 말을 들을 때 기분이 좋아집니다.

저도 그렇게 사람들에게

"용서해주십시오"라고 사과해서

찡한 감동을 줄 수 있게 하소서.

가까운 사람들에게 더 사과하지 못하는 것 같습니다.

부부 사이에도 먼저 사과하게 하시고

쓸모가 별로 없는 알량한 권위로 마음 상하게 하지 말고

자녀들에게도 사과하게 도와주소서.

부모님과도 이야기를 나누며

오래 묵은 잘못도 사과할 수 있게 하소서.

직장에서도 쉽지 않은 사과를 실천하게 도와주소서.

일하면서 실수하지 않는 사람은 없습니다.

변명하려고 하지 말고 실수를 인정하게 도와주소서.

사과할 수 있기를 원합니다.

아랫사람으로서 윗사람에게 잘못한 것을 사과하게 하소서.

저의 아랫사람에게도 미안한 것이 있다면 사과하게 하소서.

고객들에게도, 거래처 사람에게도

잘못을 멋지게 시인하는 사람이 되게 하소서.

"만일 우리가 우리 죄를 자백하면
그는 미쁘시고 의로우사 우리 죄를 사하시며
우리를 모든 불의에서 깨끗하게 하실 것이요."
제가 하나님 앞에서 사과하여 회복된 축복을 기억하며
실수할 때마다 사람들 앞에서 사과할 수 있는 힘을 주소서.
저의 죄를 기꺼이 용서해주신
예수님의 이름으로 기도합니다. 아멘.

※ 참고 성구 : 마 5:23-24, 롬 12:18, 요일 1:8-9.

지성의 기도

------------------ 직장생활의 지혜가 자라가게 하소서!

세상에서 그리스도인으로 살아가게 하소서

세상을 사랑하시는 하나님 아버지,

독생자를 보내기까지

세상을 아끼신 하나님을 찬양합니다.

세상에서 우리가 진정한 그리스도인으로 살게 하소서.

하지만 세상에 속하지 않아야 한다고

대제사장의 기도에서 주님이 말씀하셨습니다.

악한 영이 다스리는 세상의 악을 본받지 말게 하소서.

마음을 새롭게 함으로 변화를 받아

하나님의 뜻을 온전히 분별하게 하소서.

세상의 관심사와 유행을 본받지 않는다는 것이

그렇게 쉽지 않음을 경험합니다.

그래서 주님의 인도와 보호가 더욱 필요합니다.

세상에서 일할 때

정체가 분명한 그리스도인으로 살아갈 수 있게 도와주소서.

일터에서 그리스도인의 정체성을 유지하기가 쉽지 않아

격리되고 숨고 싶은 마음이 들기도 합니다.

나약함을 버리게 하소서.

격리되지 않고 일터의 동료들과 함께하면서

구별될 수 있는 용기를 주소서.

동화될까봐 두려운 마음이 있습니다.

크리스천 마인드를 가지고 적응해 낼 수 있는 지혜를 주소서.

결코 쉽지 않은 환경 속에서

하나님의 사람으로 살았던 선배들을 기억하겠습니다.

세상이 감당하지 못하는 사람들이라고 칭찬을 들었던

믿음의 영웅들을 본받게 하소서.

아벨처럼, 에녹처럼, 아브라함과 이삭과 야곱과 요셉처럼,

모세와 라합과 기드온, 바락, 삼손, 입다처럼

다윗과 사무엘과 선지자들처럼

세상 사람들이 그들의 가치를 인정하여

그리스도인이라고 시인하는 사람이 되게 하소서.

예수님의 이름으로 기도합니다. 아멘.

✢ 참고 성구 : 요 3:16, 17:14, 롬 12:2, 고후 6:14-15, 히 11장.

다니엘처럼 뜻을 정하겠습니다

다니엘의 시대에 역사하셨던 하나님 아버지,
오늘 우리 시대에도 21세기의 다니엘을 통해
역사를 이루어주실 것을 기대하며 찬양합니다.
다니엘이 항상 섬겼던 하나님을 의지하며 일하게 하소서.
패전한 조국을 떠나 적국에 포로로 잡혀갔던 다니엘,
그가 겪었던 슬픔과 신앙적인 고통을 가늠해 봅니다.
바벨론의 이교문화 속에서 다니엘과 세 친구가
하나님을 믿는 사람의 정체성을 유지했습니다.

그들의 이름 속 '엘'과 '야'라는 하나님이
'벨'과 '악', '느고'와 같은 바벨론 신들로 대체되었습니다.
왕의 지혜자들이 박수, 술객, 술사, 점쟁이들이었던 것을 보니
그들이 배웠던 학문도 고통 그 자체였을 것입니다.
율법을 평생 지키며 살았어야 할 사람들에게
어쩌면 그렇게 극심한 고통을 주셨습니까?
두 가지를 수긍한 그들이
결국 음식문제에서는 뜻을 정했습니다.

왕이 하사하는 음식과 포도주,

그것을 거부한 용기는 정말 대단했습니다.

그 용기를 배우게 하소서.

저도 뜻을 정하겠습니다.

일터에서 크리스천으로 살아가면서

동료들과 함께 생활하고 같은 일을 하는 의무를 다하겠습니다.

그런데 제가 누려도 좋은 권리를 포기하게 도와주소서.

먹어도 좋은 음식을 먹지 않기로 결심했던

다니엘을 본받게 하소서.

술자리에서도, 주일성수를 통해서도, 고사자리에서도,

비리를 거부하는 자리에서도,

크리스천의 정체성을 분명하게 드러내게 하소서.

그래서 다니엘처럼

하나님의 영광을 세상에 널리 드러낼 수 있게 도와주소서.

예수님의 이름으로 기도합니다. 아멘.

※ 참고 성구 : 단 1:1-21.

일터문화 변혁의 주체가 되게 하소서

세상을 주관하시는 하나님,
주님께서 자녀들을 세상 속에서 살아가게 하신 뜻을
분명하게 깨닫기 원합니다.
일터에서 문화 변혁의 주체가 될 수 있도록 기도합니다.

그리스도의 십지가 사역으로 인해
세상의 문화가 변혁될 수 있음을 알고 있습니다.
주님께서 대제사장의 기도를 통해 알려주신 대로
세상에서 살아가지만 악에 빠지지 않게 인도해주소서.
세상에 적응하기는 하되 동화되지는 않는
예리한 분별력을 주소서.
세상과 격리되어서는 안 되지만 분명하게 구별되는
크리스천다운 멋진 정체성을 발휘할 수 있게 도와주소서.
다니엘과 같이 지혜롭고 용기 있게
우리 시대의 못된 일터문화를 극복하게 하소서.

세상에서도 술을 적당히 마시자고 캠페인을 할 정도입니다.

크리스천 직장인으로 살아가면서
결코 만만치 않은 갈등의 현장인 회식자리에서
정체성을 분명히 드러낼 힘을 주소서.
술을 좋아하는 자신의 기호가 존경받는 것처럼
다른 사람에게 술을 강요할 것이 아니라
점잖게 즐겨야 하는 것임을 사람들이 깨닫게 도와주소서.
술을 많이 마시고 나면
사람의 도리와 체면마저 포기하는 현실 속에서
쓸데없는 에너지를 낭비하지 않도록
우리 일터의 회식문화를 주님이 변화시켜주소서.

선물이라는 이름으로 행해지는
뇌물 관행을 벗어나야겠습니다.
용기를 주소서.
무속종교의 현장에서
의연하게 크리스천임을 나타내어야 하겠습니다.
결단력을 주소서.

직업세계의 타성이 당연하다는 듯
횡행하는 복지부동의 현장에서
참신하고도 성실한 크리스천의 면모를 보이겠습니다.

비범함을 허락해주소서.

직장문화, 직업문화의 바람직한 변화를 위해

기도하며 노력하겠습니다.

저와 크리스천 동료들이 일터문화 변혁의 주역이 되게 하소서.

적극적인 참여로 동질감을 확보하고

대안과 아이디어를 제공하여

건전한 문화로 악한 문화를 대체할 수 있게 도와주소서.

동료들을 위해 희생하며 유익을 주는 모범으로

일터문화의 변화가 저에게서 시작될 수 있게 인도해주소서.

세상 문화를 예수 문화로 바꾸기 원하시는

예수 그리스도의 이름으로 기도합니다. 아멘.

※ 참고 성구 : 단 1:8, 요 17:15-16.

회식 자리에서 사역할 수 있게 하소서

사람을 창조하시고 만족하신 하나님,
일하는 사람이라면 당연하게 겪는 회식에 대해 기도합니다.
주님이 지혜와 용기와 믿음을 주시기 원합니다.

회식에 참석하지 않으면 안 되는 현실적인 상황이 있습니다.
피하다 보면 함께 일하는 사람들과
공감대를 형성하기 힘듭니다.
격리되지 말고 회식에 참석하되 구별되게 하소서.
술을 마시는 크리스천 동료들도 있습니다.
술자리에서 구별되지 않고 동화된 모습을 본받지 말게 하소서.
그들을 제가 정죄하기는 힘듭니다.
그러나 주님이 원하시는 모습은 아니라고 저는 믿습니다.
믿음의 선배들이 쌓아온 한국교회의 전통을 기억합니다.
크리스천은 술을 마시지 않고 절제하는 삶을 산다는
크리스천의 트레이드마크를 저도 **삶으로 보이고 싶습니다.**

술자리에서 술을 마시는 대신에 음료수를 마시겠습니다.

이야기를 나누면서 회포를 풀고 치하하며 서로 교제하는
회식 자리의 본질에 충실하겠습니다.
억지로 술을 마시라고 강요하는 사람을
설득할 수 있게 도와주소서.
소주와 맥주 대신 '흑주'와 '백주'를 마시면서도
술자리를 흥겹게 만드는,
꼭 필요한 사람이라고 인정받게 해주소서.

술자리에서 꿔다놓은 보릿자루가 되지 않게 도와주소서.
이야기를 준비하겠습니다.
노래하겠습니다.
사람들을 즐겁게 해주겠습니다.
술시중을 들어주겠습니다.
사람들의 고민을 귀담아 들어주겠습니다.
힘들어 하는 사람들을 섬겨주겠습니다.
술자리의 상담자 역할을 하겠습니다.
술을 안 마셨으니 동료들을 집에 데려다 주겠습니다.
하나님이 제게 주신 승용차를 착한 일에 사용하겠습니다.
주님이 주신 운전 능력으로 동료들을 섬기게 하소서.

그렇게 그들과 함께 지내며 적응하려고 노력하면

사람들이 저를 인정해 줄 것으로 믿습니다.

그렇게 되도록 주님이 도와주소서.

이렇게 하면 술자리가 사역의 장이 되는 것 아닙니까?

그래서 사람들이 저로 인해

하나님께 영광을 돌리게 되기를 소원합니다.

예수 믿는 아무개 때문에 술자리 분위기가 산다는

감격스러운 '뒷담화'를 들을 수 있게 도와주소서.

사람들에게 "먹기를 탐하고 포도주를 즐기는 사람"이라고

비난받으며 회식 자리에서 사역하셨던

예수님의 이름으로 기도합니다. 아멘.

※ 참고 성구 : 마 5:16, 눅 7:34, 고전 5:9-10.

주일성수의 지혜와 용기를 주소서

천지를 창조하신 후 안식하신 하나님,
쉴 필요도 없는 하나님을 위한 안식이 아니라
사람을 위해 복된 안식을 주셨음을 감사합니다.
우리의 교회들이 주일에 드리는 예배를 받으시고
홀로 독점적인 영광을 취하소서.

그런데 주일을 제대로 잘 지키지 못하는 사람들이 있습니다.
주일에 일을 해야 하는 업종에서 일하는 사람들입니다.
그들이 선교사의 마인드를 가지고 일터 선교사로
사람들을 진심으로 섬기게 하소서.
주일에 예배드리지 못하는 안타까운 상황을 긍휼히 여기시고
이르거나 늦은 시간에도 예배드릴 수 있는 여건을 허락하소서.
주일에 안식하지 못하는 몸과 영혼이
평일 중 하루에 충분히 쉴 수 있게 여건을 인도하소서.

주일에 급하게 일을 해야 하는 상황에 처한 사람도 있습니다.
다른 사람의 배려를 받을 수 있다면 감사한 일이지만

그에게 더 많은 감사로 호의에 보답해야 하겠습니다.
누구나 쉬고 싶은 일요일에 우리가 예배드리는 일을
사람들이 핑계로 여기지 않게 하시고
평소에 좋은 관계와 확실한 업무 처리로
동료들의 호의를 입게 하소서.

주일 정오 무렵에 지인의 결혼식이 있더라도
안일하게 대응하지 않겠습니다.
일찍 예배를 드린 후 찾아가거나 부조만 보내지 않고
결혼식 당일이 아닌 주중에 미리 찾아가 축하하는 방법으로
그 사람을 감동시키고
주일에 드리는 예배로 하나님을 기쁘시게 하겠습니다.
제가 겪을 수 있는 주일성수의 어려움 속에서
지혜를 주시고 결단할 수 있는 용기를 주소서.
주일성수를 통해
하나님의 사람의 정체성을 분명하게 드러낼 수 있게 하소서.
예수님의 이름으로 기도합니다. 아멘.

※ 참고 성구 : 창 2:1-3, 시 121:4.

만연하는 미신문화에 대응하게 하소서

우상 숭배를 금하시는 하나님,
하나님만이 세상에서 홀로 찬송받으실 분입니다.
하나님께만 모든 영광을 올려드립니다.

21세기 첨단 과학문명의 시대에도
고사를 지내고 부적을 붙이는 일이 계속되고 있습니다.
포스트모더니즘의 영향으로 영적인 관심이 많아졌습니다.
이런 상황을 제대로 대응할 용기를 주소서.
어려움 속에서도 회사가 번창하고
새로운 기계가 고장 없이 잘 가동되고
건물을 지을 때 사고가 없고
중요한 프로젝트가 무리 없이 잘 진행되기를 우리도 바랍니다.
한 회사에서 일하고 있는 사람으로서
우리 회사가 잘되기를 바라는 마음을 주님도 잘 아십니다.
우상 숭배하는 자들과 상종도 할 수 없다고
그 사람들을 포기하지 말게 하소서.

그들은 뭔가 두렵기에 대상도 분명하지 않은 기도를 합니다.
'문화'에 불과하니 함께 참여하라고 회유합니다.
그들에게 신우회나 크리스천들의 이름으로 고사 자리 옆에서
하나님께 기도할 수 있게 해달라고 제안하면 어떨까요?

웃기는 사람들이라고 조롱해도 실망하지 않겠습니다.
나도 이 회사를 사랑하고,
날마다 기도시간에 당신들을 위해
눈물로 기도한다고 말해주고 싶습니다.
고사를 지내는 대신에
우리 일터를 주관하시는 하나님께 예배드리는
감격적인 날이 오기를 간구합니다.
예수님의 이름으로 기도합니다. 아멘.

※ 참고 성구 : 출 20:3-6.

뇌물을 거절할 수 있는 용기를 주소서

사람을 외모로 보지 않고 뇌물을 받지 않으시는 하나님,
우리 사회를 어렵게 하는 뇌물문제에 대해 기도합니다.
사무엘은 평생 사사로 섬기다가 은퇴하던 때
누구에게도 뇌물을 받지 않았다고 양심선언을 했습니다.
그런데 그의 아들들이 뇌물문제로 무너진
너무도 안타까운 일을 보면서 교훈을 삼습니다.

우리 사회가 변화되기를 원합니다.
경제 규모가 세계 10위쯤 되는 나라에서
부패 지수는 100개국 중 절반을 왔다 갔다 하는
이 안타까운 상황을 긍휼히 여겨주소서.
크리스천 직업인들이
사회의 분위기를 바꿀 수 있게 도와주소서.
너무 안일하게 뇌물문제를 대했던 잘못을 회개합니다.
명절과 기념일에 그저 인사로 하는 선물이라는 명목으로,
윤활유 역할을 하는 급행료라는 이름으로
쉽게 처리했던 일도 돌아봅니다.

크리스천답게 고민하며
뇌물을 대체하는 방법을 찾아내게 도와주소서.

일터의 사람들은 제가 크리스천인 것을 압니다.
크리스천은 정직한 사람이라는 당연한 공식을
그들이 저를 통해 인식할 수 있도록 도와주소서.
우리 사회의 뇌물문화가
우리 크리스천들의 노력으로 줄어들고
결국 뿌리 뽑힐 수 있도록 인도해주소서.
예수님의 이름으로 기도합니다. 아멘.

※ 참고 성구 : 신 10:17, 삼상 8:3, 12:3, 전 7:7.

승진을 통해서도 영광을 돌리게 하소서

지위와 권세를 주관하시는 하나님,
모든 권세는 다 하나님이 정하신 것임을 믿으며
저의 승진을 위해 기도합니다.

일터의 동료들은 나름의 목표를 가지고 있습니다.
직장인의 꽃이라고 하는 임원 승진의 목표도 있습니다.
그러나 그것이 저의 막연한 목표는 아닙니다.
저의 욕심을 이루기 위한 도구가 아닌
하나님의 영광을 위해 승진하게 하소서.
승진을 통해서도 하나님 나라를 세우는 일에 유익하게 하소서.

느헤미야는 페르시아제국의 고위 관리가 되었을 때
자신의 지위를 민족을 위해 선용하였습니다.
그의 기도로 저도 기도합니다.
"오늘 종이 형통하여 이 사람들 앞에서 은혜를 입게 하옵소서."
요셉과 다니엘, 모르드개도
이방의 고위직을 통해 하나님의 통치를 세상에 드러내고

하나님의 백성들을 보호하고 세우는 일을 했습니다.
크리스천들 중에 이런 자리에 오르는 사람이 많아져서
세상 속에서 하나님의 영광을 드러내게 도와주소서.

윗자리로 갈수록 승진의 기회는 줄어듭니다.
제가 승진하지 못했더라도 너무 낙망하지 않게 도와주소서.
하나님과 같은 영광을 누릴 자리를 떠나
낮고 천한 자리로 오신
예수님의 성육신의 영성을 배우게 하소서.

승진을 위한 질투와 시기로 갈등이 없도록 도와주소서.
동료들은 승진을 위해 아무개 라인에 줄서기를 강조하지만
하나님을 향한 '줄'을 가장 귀하게 여기도록 도와주소서.
예수님의 이름으로 기도합니다. 아멘.

※ 참고 성구 : 느 1:11, 빌 2:5-8.

정직함에서는 최고가 되고 싶습니다

정직과 진실을 기뻐하시는 하나님,
"여호와의 말씀은 정직하며
그가 행하시는 일은 다 진실하시도다."
정직하고 진실하신 하나님을 찬양합니다.

주님의 정직과 진실하심을 닮고 싶습니다.
하지만 저는 부정과 부패가 만연한 사회 속에서,
역시 그런 성향을 벗어나지 못하는 일터에서 일하며 삽니다.
크리스천 직장인으로서 하나님을 닮아
정직함과 진실함의 분야에서는 최고가 되고 싶습니다.
제가 결심하오니 도와주소서.

특히 재정 부분에서 깨끗하고 흠 없게 하소서.
정적들이 눈에 불을 켜고 고발할 근거를 찾았으나
결국 발견하지 못했던 다니엘처럼
흠 없는 사람이 되고 싶습니다.
요셉처럼 저장한 곡식을 팔아

애굽 땅과 가나안 땅에 있는 돈이 말라붙도록 돈을 벌었으나
그 돈을 모두 국고에 귀속시킨
정직함을 배우고 싶습니다.
요셉이나 다니엘은
큰 규모의 재정을 다루면서도 정직했습니다.
이런 탁월한 정직을 저도 배우게 하소서.

저에게 하루아침에 큰돈을 다룰 기회가 오지는 않을 것입니다.
출장비 정산과 같은 사소한 부분에서 깨끗하겠습니다.
관행이고, 누구나 그렇게 하더라도
부정한 돈에 대해 예민하게 하시고
거절하는 용기를 허락하소서.

이런 부분에서 갈등이 생기더라도
기꺼이 감당할 수 있게 도와주소서.
정직함에 있어서는 결코 양보하지 않게 인도해주소서.
예수님의 이름으로 기도합니다. 아멘.

※ 참고 성구 : 창 47:14, 시 33:4, 단 6:4.

우선순위의 지혜를 배워 실천하게 하소서

시간을 창조하신 하나님!
주님이 주신 귀한 시간,
이미 허락하신 아름다운 저의 인생을
주님의 기뻐하심을 따라 사용하기 원합니다.
하나님의 영광을 위한 인생이 되도록 지혜를 주소서.

일하다 보면 바쁜 일만을 좇아 허둥대는 저를 발견합니다.
우선순위를 바로 세워 시간 계획을 세우게 도와주소서.
푯대를 향하여,
하나님이 위에서 부르신 부름의 상을 위해 좇아간다고
고백했던 사도 바울처럼
제가 달려갈 곳, 하나님이 부르신 그 소명의 자리를 향해
달려갈 수 있게 하소서.

주님의 말씀대로 기초를 분명하게 세우겠습니다.
반석 위에 집을 세우는 지혜로운 사람이 되게 하소서.
일하다 보면 급하게 해야 할 일이 많지만

정작 중요한 일이 무엇인지 잘 판단할 수 있게 도와주소서.

제 인생의 비전을 기억하며 인생의 목적을 반영하게 하시고

무엇보다 하나님과 어떤 관계를 설정하고 있는지

수시로 확인할 수 있게 하소서.

일하는 것이 중요하지만

영육간의 강건함을 소홀히 하지 않게 도와주시고

가족과의 관계, 자기계발을 위해서도 노력하게 하소서.

취미생활의 부분에서도

무엇을 해야 할지 잘 발견하고 실천하게 도와주소서.

큰 계획을 먼저 세우지 않으면

작은 계획이 들어설 자리가 없는 것을

분명하게 깨닫기 원합니다.

시간 계획과 할 일을 생각하며 적어놓지 않으면

확인할 길이 없어 힘든 것도 깨닫게 하셔서

삶의 우선순위, 일의 우선순위를

분명하게 세울 수 있게 도와주소서.

예수님의 이름으로 기도합니다. 아멘.

※ 참고 성구 : 마 7:24-27, 빌 3:12-13.

시간 관리를 잘할 수 있게 하소서

시간을 창조하신 하나님,
주님이 역사의 주인이심을 찬송합니다.
주님이 제게 주셨고 모든 사람에게도 주신 시간을
잘 활용하고 관리할 수 있도록 도와주소서.
"오직 지혜 있는 자같이 하여 세월을 아끼라.
때가 악하니라. 오직 주의 뜻이 무엇인가 이해하라."

쓸데없는 일로 시간을 보내는 일이 많습니다.
인터넷 검색과 이메일을 확인하는 시간,
잡담하는 시간도 줄일 수 있습니다.
넋 놓고 텔레비전을 보다가 후회하는 때도 많습니다.
조화와 균형의 원칙에 따라
거절해야 할 때는 거절할 수 있게 하소서.
"죄송합니다! 제가 다른 계획이 있어서요."
떳떳하게 사실을 이야기하고 거절할 수 있는 용기를 주소서.

잘 요약하는 능력도 배우기 원합니다.

완전히 소화하고 정리하여 설득력 있게 표현할 수 있게 하소서.
집중하는 능력도 배워야겠습니다.
한정된 시간을 효과적으로 활용할 수 있도록 집중하게 하소서.
마감을 정해두고 몰입할 수 있게 도와주소서.
정해진 시간 안에 일을 마쳐 성취감을 맛보게 도와주소서.

다윗처럼 바쁠 때 하루를 길게 사는 방법도 배우기 원합니다.
집안에서 양들을 관리하며 사울 왕의 궁궐에 출근해야 할 때
아버지가 시킨 심부름을 하기 위해
다윗은 일찍 일어나서 일을 해냈습니다.

바쁘다고 불평하지 말고 새벽을 깨워 하루를 길게 살고
더욱 일찍 잠자리에 들 수 있게 도와주소서.
성경 속에 나오는 사람들이나 인류에 기여한 사람들 중
새벽을 깨운 사람이 많음을 기억하고
효과적인 시간 관리를 해낼 수 있게 도와주소서.
예수님의 이름으로 기도합니다. 아멘.

※ 참고 성구 : 삼상 17:15-21, 엡 5:15-17.

세상 사람들과 다른 정신으로 살아가게 하소서

세상을 주관하시는 하나님,
주님만이 세상의 주인이심을 찬송합니다.
시대 현상인 포스트모더니즘의 영향으로
기준 없는 '나 중심'이 세계관의 주류입니다.
이런 세상 속에서 하나님의 사람답게
세상과는 뭔가 다른 정신으로 살기 위해 기도합니다.

광야에서 가나안 땅을 정탐했던
열두 명의 정탐꾼을 기억합니다.
그들은 똑같은 것을 보았습니다.
가나안 땅의 풍요로움과 주민들의 강대함을 보았습니다.
열 명의 정탐꾼은 그 모습을 보고 두려웠지만
여호수아와 갈렙만은 달랐습니다.

그들처럼 한쪽 눈으로만 세상을 보게 하소서.
한쪽 눈으로는 세상의 급변하는 상황과
점점 힘들어지는 사회 현실을 다 보게 하시고

또 다른 쪽 눈으로는 능력의 하나님을 바라보게 도와주소서.
같은 것을 봐도 믿음으로 바라보면 달라 보입니다.
세상 사람들과는 다른 마음, 다른 정신을 가지고
하나님의 역사하심을 바라보는 믿음의 안목을 주소서.
그들이 강하지만 "그들은 우리의 먹이라"고 담대하게 외치며
하나님이 함께하심을 강조한 그들의 음성을
늘 기억하며 험한 세상을 살게 하소서.

하나님은 약속하셨습니다.
"그가 갔던 땅으로 내가 그를 인도하여 들이리니
그의 자손이 그 땅을 차지하리라."
그 약속의 의미를 생각하니 가슴 벅찹니다.
세상 사람들과는 다른 영혼을 가지고
믿음으로 활동하는 바로 그 직업의 현장을
주님이 저에게도 주셨음을 믿게 하소서.
예수님의 이름으로 기도합니다. 아멘.

※ 참고 성구 : 민 13-14장(특히 14:9,24).

원치 않는 일도 주께 하듯 하게 하소서

인자와 긍휼이 무궁하신 하나님 아버지,
아침마다 새로운 은혜를 베풀어주시니
주님의 성실하심이 정말 크고 놀랍습니다.
은혜에 감사하며 찬송을 올려드립니다.
늘 성실하게 일해야 하는 것을 잘 알지만
감당하기 힘든 일을 하게 되는 상황에 대하여 기도합니다.

경제 상황이 어려워지고 구조조정이 잦아지면서
원치 않는 일도 맡게 되고
퇴사하는 사람의 일을 맡아야 하는 경우도 있습니다.
화가 나기도 하고 불평도 생깁니다.
어쩔 수 없이 해야만 하는 상황도 있습니다.
이런 상황에서도 하나님의 사람답게 일할 수 있게 하소서.

원치 않는 일을 하게 될 때도
일단 주어진 일이라면 수긍하고 감당하겠습니다.
불평하는 대신 감사하며 성실하게 하소서.

더 많은 시간이 요구되는 일이라면 해낼 수 있게 도와주소서.
다른 사람들이 하기 싫어하는 일, 원치 않는 일을
진정으로 섬기면서 저의 인격도 성숙하게 도와주소서.
바로 그 일로 인해 성실함을 인정받게 하소서.
또한 평소에는 보이지 않던 능력이 발휘되게 도와주소서.
힘겹게 감당하는 일이지만 더 많은 성과와 열매를 허락하소서.

그리하여 '성실한 크리스천은 역시 다르다'고
사람들로부터 인정받을 수 있게 도와주소서.
'무슨 일을 하든지 주께 하듯 하는 사람'으로
인정받게 하소서.
예수님의 이름으로 기도합니다. 아멘.

※ 참고 성구 : 삼상 17:15-20, 애 3:22-23, 골 3:23.

평생 학습하는 직장인이 되게 하소서

인생의 학교를 허락해주신 하나님 아버지,

학교에서도 배우게 하시고

일터에서도 일하면서 계속 배울 수 있음을 감사드립니다.

일본의 한 경영자는 학교에서 배움의 기회를 못 가져

누구든 만나는 사람마다 그 사람에게 배우려고

노력했다는 이야기를 들었습니다.

안타까운 그의 약점이 오히려 성공 요인이 되었습니다.

저도 배우려는 마음가짐을 평생 가지고 살아가게 도와주소서.

문제의식을 가지고 늘 질문거리를 찾겠습니다.

현재 저의 상황에 안주하지 말고 끝없이 추구하게 하소서.

뼈아픈 지적이라도 달게 받는 열린 마음을 허락하소서.

자존심을 내세우지 않고 충고를 통해 배우게 도와주소서.

안주하여 머무르지 않고 성장하기 위해 노력하겠습니다.

목표를 이루기 위해 애쓰는 열정을 허락하소서.

승진시험도 잘 준비하여 치르겠습니다.

인생의 단계를 차근차근 잘 밟아나가면서 성취감을 느끼고
하나님의 비전을 이루어가는 기쁨을 누리게 하소서.
나이가 들어가도 새로운 지식을 얻기 위해 애쓰겠습니다.
실력이 부족한 경력을 자랑하지 말게 하시고
젊은 후배들에게 가르쳐주고도
여유 있는 관록만 뽐내게 하소서.

안 된다는 생각을 버리게 도와주소서.
배움을 위해 명랑하고 낙관적으로 생각하게 하소서.
여유를 가지고 하루에 작은 것 하나라도 배우겠다는 자세로
퇴근시간이 보람되게 하여주시기 원합니다.
나이 들어서도 새로운 지식을 배우며
젊은이다운 생각을 유지할 수 있도록 도와주소서.

물론 무엇보다 귀한 배움은 바로
성경을 배우고 실천하는 것임을 알고
말씀 배우기를 평생 계속하도록 도와주소서.
예수님의 이름으로 기도합니다. 아멘.

☀ 참고 성구 : 딤후 3:14-15.

강점을 발견하여 계발하게 하소서

사람들에게 달란트를 주신 하나님 아버지,
제게도 은사와 재능을 주시니 감사합니다.
하나님이 주신 제 인생의 자원들을 잘 활용하여
하나님의 나라를 온전히 세워나갈 수 있게 하소서.

하나님이 제게 주신 달란트를 잘 발견하게 인도해주소서.
달란트 비유 속에 등장하는 예수님의 교훈이
직업과 인생을 말하는 것을 알고 있습니다.
다섯 달란트 받은 사람들이 간혹 있습니다.
이것도 잘하고 저것도 잘해서 못 하는 것이 없는 사람입니다.
한 달란트 받아서 잘하는 것이 별로 없는 사람도 있습니다.
그러나 대부분의 사람들은
두 달란트 받은 사람처럼 평범합니다.
저도 두 달란트 받은 사람이 아닐까 생각해 봅니다.

한 달란트 받았던 사람의 실수를 제가 반복하지 않게 하소서.
그 종은 '재능대로' 하나님이 주셨는데,

비교하느라 하나님의 뜻을 망각했습니다.
열등감과 패배의식에 사로잡혀 일을 하지 않았습니다.
다섯 달란트와 두 달란트 받은 사람은 '바로 가서'
장사를 했던 것을 기억하게 하소서.
주님이 제게 주신 것을 발견하여 일하겠습니다.

결국 한 달란트 받은 사람은 자신이 받은 재능으로
일을 시작하지 못했습니다.
누구에게나 있는 강점을 찾지 않은 것이 실수였습니다.
저는 그 실수를 반복하지 않게 도와주소서.
달란트의 개수를 따지며 시간 낭비하지 않겠습니다.
주신 것을 활용하여 열심히 일할 때
강점이 드러나도록 도와주소서.
그 강점을 통해 자기계발의 방향을 잡게 하시고
부족한 부분도 보완할 수 있게 하소서.
그리하여 하나님께 영광을 돌릴 수 있을 만한
실력과 업무성과의 수준을 갖추도록 도와주소서.
이를 위해 필요한 성실과 인내도 허락해주소서.
예수님의 이름으로 기도합니다. 아멘.

※ 참고 성구 : 마 25:14-30.

다윗의 자기계발을 배우겠습니다

하나님 아버지,
직장인으로 살아가면서
자기계발을 할 수 있게 하심을 감사합니다.
지식경영의 시대에 꼭 필요한 지식으로
저의 능력을 계발할 수 있게 인도해주소서.
다윗을 통해 자기계발을 배우기 원합니다.

목동이었던 다윗은
양을 돌보며 사자와 곰을 맞서 싸워 이겼습니다.
양들을 보호하기 위해
물맷돌 던지기를 부단히 연습했습니다.
베들레헴과 멀지 않은 기브아에 살던 베냐민 지파 후손인
물매 명수들의 영향도 받았을 것입니다.
골리앗을 맞서 싸울 때 달려가며 던진 물맷돌 하나로
골리앗의 이마를 맞추고 뇌 속에 박히도록 한
그 탁월한 능력을 배우게 도와주소서.
저도 다윗과 같은 전문성을 갖추기 원합니다.

아울러 다윗은 수금을 연주하는 능력을 가지고 있었습니다.
일종의 취미였던 개인기를 통해
사울 왕의 악사 겸 비서가 되었습니다.
어쩌면 양들을 돌보면서 여유시간에
수금을 자주 연습했을 것입니다.
다윗의 직업 중 궁궐에서 왕의 비서 역할을 한 것은
매우 요긴한 기회였습니다.
그의 아버지가 왕이 아니었고 자신이 왕조를 시작했으니
왕의 비서생활로 궁궐의 문화를 배운 것이 아닙니까?

취미생활의 중요성을 저도 인식하겠습니다.
급변하는 사회 상황 속에서
취미가 또 다른 직업의 기회가 되는 경우도 봅니다.
취미생활을 통해 휴식의 기회도 얻게 하시고
또한 창의적으로 일하여 돌파구를 여는
기회가 되게 하소서.
예수님의 이름으로 기도합니다. 아멘.

※ 참고 성구 : 삼상 16:16-23, 17:34-49.

예수님 안에서 예스맨이 되게 하소서

그리스도 안에서 '예!'가 되게 하신 하나님 아버지,
하나님의 약속을 가능하게 하신
그리스도의 공로를 찬양합니다.
그리스도로 인해 우리가 아멘하여
하나님께 영광을 돌리게 하소서.
하나님의 약속을 기억하지 못하여 부정적으로 생각하고
안 될 것을 염려하는 어리석음과 불신앙을 용서해주소서.

그리스도 안에서, 예수님 때문에
늘 "예"라고 대답하고 행동하는 '예스맨'이 되게 하소서.
그저 윗사람에게 아부하는 예스맨이 아닙니다.
요즘 많은 자기계발 책에서나 성공학 강사들이 말하는
주문과도 같은 인본주의적 긍정 만능주의도 아닙니다.
오직 그리스도 안에서 할 수 있는 '예수맨'이 되게 하소서.
"내게 능력 주시는 자 안에서 내가 모든 것을 할 수 있느니라."
제가 할 수 있는 근거는 바로 예수님 때문입니다.
크리스천의 성공이 부와 명예와 성취의 화려함만은 아닙니다.

모든 것을 할 수 있다면서 극한 가난에 처하기도 하고
풍부함에도 처하면서 자족의 비결을 배운
바울을 배우게 하소서.

"믿음은 바라는 것들의 실상이요 보지 못하는 것들의 증거니."
믿음의 선배들이 그런 길을 걸었습니다.
그러니 믿음의 주요, 온전하게 하시는 예수를 바라보게 하소서.
예수님을 바라보면서
예수님 안에서만 할 수 있는 것을 찾게 하소서.
바로 그것이 진정한 긍정의 힘임을 알게 하시고
그리스도께 순종하는 삶을 살기 원합니다.
예수맨이 보여주는 긍정의 힘으로
우리 일터의 사람들이 복받게 하시고
사람들의 부러움을 유발할 수 있도록 인도해주소서.
하나님의 예스맨, 예수님의 이름으로 기도합니다. 아멘.

※ 참고 성구 : 고후 1:20, 빌 4:11-13, 히 11:1, 12:2.

경청하는 사람이 되게 하소서

우리의 기도를 들어주시는 하나님 아버지,
"듣기는 속히 하고 말하기는 더디 하라"고 하셨건만
말을 더 많이 하고 급하게 화도 잘 내는
부족한 사람을 용서하여주소서.

누군가 저의 말을 귀담아 들어주고 반응해 줄 때
아픔도 사라지고 속이 시원해진 경험이 있습니다.
스티븐 코비도 성공하는 사람들의 습관 중 하나로
"경청한 후에 대답하라"고 합니다.
먼저 잘 들을 수 있게 도와주소서.
윗사람의 잔소리가 듣기 싫었는데
저도 아랫사람이 생기니 잔소리를 하게 됩니다.
잘 듣지 않고 할 말만 하다 보니
아랫사람들의 말이 잘 들리지 않게 되었습니다.
잘 듣지 않아서 일하다가 실수하고
돌이키려니 손해가 많았던 경험도 있습니다.
경청하여 사람들의 마음을 얻고

그래서 의사소통을 잘하게 하소서.

듣기를 실천하기 위해 노력하겠습니다.

듣는 것이 습관이 될 수 있도록

말하고 싶은 욕구를 한 템포 늦추는 연습을 하겠습니다.

참지 못하고 말해버리지 않도록 도와주소서.

들어주는 척하는 가증스러운 태도를 버리게 하시고

사람들의 이야기를 들을 때 집중하게 하소서.

전화할 때도 다른 행동은 하지 않고 집중하여 듣게 하소서.

사람들에게 공감할 수 있도록 도와주소서.

그 사람의 입장이 되게 하시고

대접받고자 하는 대로 대접할 수 있는

황금률을 실천하게 하소서.

경청으로 인해 의사소통이 잘되어

우리 일터의 사람들의 관계가 좋아지게 하시고

업무의 효율도 높일 수 있게 인도해주소서.

예수님의 이름으로 기도합니다. 아멘.

※ 참고 성구 : 마 7:12, 약 1:19.

크리스천다운 비즈니스 전략을 배우겠습니다

지혜와 지식을 주시는 하나님,
지식의 근원이신 하나님을 생각하지 않고
그저 저의 지식만으로 일하려 했던
어리석음을 용서해주소서.

일에 관한 구체적인 전략을 배우고 싶습니다.
일하다 보면 불의와 반칙을 저지르는 사람들이 있습니다.
그들을 향해 엘리사 선지자가 아람 군대를 향해 했던
기도를 하고 싶습니다.
"저 무리의 눈을 어둡게 하옵소서."
이기적인 기도라고 사람들이 비난할지 모릅니다.
그러나 제가 반칙을 하고 상대가 바르게 행동하는데
상대의 눈을 어둡게 해달라는 것은 잘못된 기도이지만,
반칙하는 사람들에게 하나님이 심판해 달라고
기도하는 것은 바람직하지 않습니까?

공의의 하나님이 개입하여 의와 불의를 바로잡아 주소서.

보다 적극적으로 크리스천다움을 드러내기 원합니다.
포로가 된 아람 군대에게 음식을 먹이고 돌려보낸
엘리사 선지자의 전략을 배우기 원합니다.
그렇게 하면 지는 것 같고 답답한 것 같으나
끝내 이기는 이 멋진 전략을 배우기 원합니다.

다시는 이스라엘을 침략하지 못한 아람 군대처럼
반칙하는 상대를 제압하는
멋진 크리스천의 방법을 배우게 하소서.
크리스천답게 정도(正道)를 걷게 하시고
지혜와 아이디어를 발휘하여 효과적으로 일하게 하소서.
서로 윈윈하는 멋진 비즈니스를 실천하게 도와주소서.
모든 사람에게 후히 주시고 꾸짖지 않으시는 하나님께
간구하오니 제게 지혜를 주소서.
예수님의 이름으로 기도합니다. 아멘.

※ 참고 성구 : 왕하 6:8-23, 약 1:5.

일터에서 성령의 열매를 맺게 하소서

자녀들이 삶의 열매를 맺는 것을 기뻐하시는 하나님,
일터에서도 하나님의 자녀답게 살게 하시고
성령의 열매를 맺게 도와주소서.
함께 일하다 보면 갈등이 생기고
별것 아닌 일을 가지고도 미워하게 됩니다.
미움이 있는 곳에서 사랑의 열매를 맺게 하소서.

별것 아닌 일로 다투기도 하고 불화가 깊어집니다.
불화가 있는 곳에서 화평의 열매를 맺게 하소서.
요즘 사람들은 인내하지 못하고 서두르곤 합니다.
시간이 걸리더라도 참아내는 일이 중요함을 사람들에게
보여줄 수 있게 도와주소서.

자신만 생각하는 사회 풍조 속에서
다른 사람을 배려하며 살기 원합니다.
관심과 열정을 다른 사람에게 향하고
친절함을 표현하는 자비의 열매를 맺게 하소서

무례와 교만을 버리고
선량하고 착한 양선의 열매를 맺게 하소서.

사람들에게 잘 보이려고 눈치 보는 삶을 살지 말고
하나님 앞에서 모든 일을 주님께 하듯 하는
충성의 열매를 맺게 하소서.
유약해 보이지 않으려고 허세로 자신감을 위장하는
세상의 풍조를 따르지 말게 하시고
일터에서 온유의 열매를 맺게 하소서.

부드러우나 내실 있는 인품을 갖게 도와주소서.
무엇보다 제 자신을 스스로 조절할 수 있어야 하겠습니다.
해야 할 때 하고, 하지 말아야 할 때 하지 않아서
절제의 열매를 맺게 하소서.
좋은 습관을 가져 풍요로운 인격의 열매를 맺게 도와주소서.
성령의 아홉 가지 열매를 통하여
사람들을 주님 앞으로 인도할 수 있게 도와주소서.
예수님의 이름으로 기도합니다. 아멘.

※ 참고 성구 : 마 5:16, 갈 5:22-23, 골 3:23.

일자리가 불안할 때도 주님과 동행하게 하소서

언제 어느 때나 영원히 동일하신 하나님,
주님은 언제나 찬양받으실 분입니다.
어제나 오늘이나 영원토록 동일하신 예수님을 믿으면서
늘 같은 마음으로 살지 못하는 저의 연약함을
용서하여주소서.

직업 현장이 급하게 변하여 예측하기 힘든 시대를 살아갑니다.
비단 경제 불황의 시기가 아니더라도
고용 불안의 상황은 자주 발생합니다.
경제 여건과 관계없이 실업을 경험하기도 합니다.
평생직장 개념이 사라지고 평생직업의 시대가 되었습니다.
이런 시대에 제가 실직을 했을 때도
하나님의 사람답게 도와주소서.

실직하면 불안해집니다.
경제적인 문제가 먼저 걱정되고,
사람들에게 실직했다고 말해야 하는 것도 두렵습니다.

창피하기도 하고 가족들에게 미안하기도 합니다.

이런 상황에 처하더라도 하나님의 자녀답게 도와주소서.

실업자를 가리켜 'Unemployed Worker'라고

표현하는 것을 보았습니다.

고용되지는 않았지만

여전히 일하는 사람으로 자신을 보는 안목이 중요합니다.

매일 출근할 곳은 없지만

하나님이 본래 맡겨주신 본질적인 일은 계속해야 합니다.

세상을 정복하고 다스리는 그 사명을 계속하게 하소서.

무슨 일을 하든지 주께 하듯 하라는

바로 그 일은 계속하겠습니다.

무엇보다 직업을 찾는 일을 계속할 수 있게 하소서.

자신을 돌아보면서

직업에 대한 새로운 선택의 길을 잘 활용하게 도와주소서.

경제적인 문제에 너무 집착하지 않게 하소서.

아무것도 없어서 빈털터리에 불과해도

주님의 구원으로 인해 기뻐하다던

하박국 선지자의 노래가 저의 고백이 되게 하소서.

또한 일을 할 때 원치 않는 직무를 맡아 불평했고

빛이 나지 않는 업무를 맡아 실망하며 대충 일했다면

주님이 용서해주소서.
앞으로 제가 하게 되는 어떤 일을 통해서도
주님을 높이는 기회로 삼게 하소서.

가족들을 위해 더 많은 시간을 할애하겠습니다.
가족의 사랑으로 어려움을 극복할 수 있게 도와주소서.
실업 문제로 인해 마음 아픈 사람들과 공감하면서
더 좋은 길로 인도하시는 하나님을 신뢰하며
주님의 가르침을 그들과도 함께 나눌 수 있도록 도와주소서.
예수님의 이름으로 기도합니다. 아멘.

※ 참고 성구 : 창 1:28, 골 3:23, 히 13:8.

성장의 기도
인생의 키가 자라가게 하소서!

삶의 균형과 조화를 유지하게 하소서

자비로우신 아버지 하나님,
하나님은 우리를 무질서에 빠뜨리지 않으시고
조화로 이끄십니다.

저는 직장생활과 가정생활, 교회생활의
세 가지 기본적인 분야에 책임을 지고 살아갑니다.
이 트라이앵글을 어떻게 조화롭게 유지해야 할지,
겹치고 부딪히는 일들이 생길 때마다 혼란스럽습니다.
하나님이 제 삶의 중심인 것이야 너무도 당연합니다.
그러면 무엇을 가장 앞세워야 합니까?
가정과 교회와 직장의 순서입니까?
직장이 가장 앞서면 일중독자가 되는 것입니까?
교회를 가장 우선시해야 헌신적인 성도가 되는 것입니까?

망명생활을 떠났던 다윗에게 배우기 원합니다.
다윗이 아둘람 굴로 도망갔을 때 찾아온 사백 명,
환난당하고 빚지고 마음이 원통한 그들을 맞은 다윗은

훌륭한 리더십을 발휘해 강군으로 육성했습니다.
모압으로 피신해야 했을 때 임시처소였지만
부모님을 모실 수 있는 공간을 특별하게 부탁할 정도로
다윗은 가족에게도 소홀히 하지 않았습니다.
선지자 갓이 나타나 안전한 모압 요새에 있지 말고
유다 땅으로 가라고 했을 때 다윗은 순종했습니다.

다윗의 트라이앵글을 배우게 도와주소서.
직장과 가정, 교회생활의 균형 감각을 배우겠습니다.
직장의 일과 가정사가, 교회 일과 직장 일이 부딪힐 때
양해를 구하며 최대한 조화를 추구하여
삶의 균형을 이루도록 도와주소서.
쉽지 않은 일이지만 이런 노력을 기울일 때
하나님이 특별하게 인도해주실 줄 확신합니다.
제 삶의 조화와 균형을 통해 하나님께 기쁨을 드리게 하소서.
예수님의 이름으로 기도합니다. 아멘.

※ 참고 성구 : 삼상 22:1-5, 고전 14:33.

건강한 육신을 가꾸어가게 하소서

사랑하는 하나님 아버지,
예수님이 세상에 계실 때
키가 자라가며 육체적으로 성장하셨습니다.
하나님이 주신 귀한 저의 육신을
잘 가꾸어가도록 인도해주소서.

세상 사람들은 건강이 최고라고 말합니다.
그러나 크리스천으로서 건강해야 할 이유를
분명히 알게 하소서.
바로 우리 몸이 하나님의 성전이고
하나님의 성령이 우리 안에 거하시기 때문입니다.
건강한 영혼과 육신으로 복된 삶을 살겠습니다.
육신의 중요성도 분명하게 깨달아서
건강관리도 잘하고 운동도 열심히 하겠습니다.

나이가 들어가면서 더 자주 찾아오는
육신의 고통과 질병을 잘 이겨낼 수 있게 도와주소서.

정신적으로도, 영적으로도

나이가 들수록 더욱 맑고 밝게 살아가도록 도와주소서.

사도 바울도 몸을 단련하는 일이 유익하다고 했습니다.

약속이 있는 경건생활이 범사에 유익한 것을 잘 알지만

경건생활을 핑계대면서 건강관리를 소홀히 하지 않겠습니다.

하나님 안에서 훈련받는 삶에도 힘쓰고

또한 건강을 위한 노력에도

최선을 다할 수 있도록 인도해주소서.

그래서 결국 저의 인생을 향한

주님의 뜻을 추구하는 삶을 살게 하소서.

하지만 건강함을 자랑하지 말게 하시고

건강을 주신 하나님께 감사하면서

평생 주님만을 바라며 살아가도록 인도해주소서.

외모도 항상 깨끗하고 단정하게 유지할 수 있게 하시고

늘 밝게 미소 짓고 예의 바른 태도로

감사하는 사람이 되게 하소서.

예수님의 이름으로 기도합니다. 아멘.

※ 참고 성구 : 눅 2:52, 고전 3:16-17, 딤전 4:8.

취미로 삶의 활력을 얻게 하소서

우주 만물을 창조하신 하나님을 찬양합니다.
즐겁게 여가를 보낼 수 있는
여유를 허락해주심을 감사드립니다.
저의 취미생활을 위해서 기도합니다.

하나님이 솔로몬에게 주신 지혜의 영역이 참으로 놀랍습니다.
그리고 부럽습니다.
"그가 잠언 삼천 가지를 말하였고 그의 노래는 천다섯 편이며
그가 또 초목에 대하여 말하되
레바논의 백향목으로부터 담에 나는 우슬초까지 하고
그가 또 짐승과 새와 기어다니는 것과
물고기에 대하여 말한지라."
백성들을 다스리며 재판하는 일을 주로 했고
그런 방면의 지혜를 구했던 솔로몬에게 주신 지혜가
이렇게도 놀랍게 확장되었다니요?

솔로몬이 가진 노래와 자연에 대한 관심은

바로 취미생활이라고 할 수 있지 않습니까?

일이 바쁘다는 이유로,

재정적인 여유가 없다는 핑계로 변변한 취미생활도

하지 못한다면 너무나 건조한 삶이 아닐 수 없습니다.

바쁠수록 취미생활을 통해 공급받고 새 힘을 얻게 하소서.

취미생활도 주께 하듯 하게 하소서.

일을 할 때나 여가를 즐길 때나

늘 최선을 다하는 삶을 살 수 있기 원합니다.

악기도 하나 정도는 연주할 수 있어서

가족이 함께 즐거운 시간을 보낼 수 있으면 좋겠습니다.

음악, 미술과 같은 예술 장르뿐만 아니라

스포츠 영역에서도 건강을 위한 적당한 종목을 택하겠습니다.

동호회 활동을 할 수 있다면 유익한 기회를 만들어보겠습니다.

취미생활을 통해서 하나님이 주신 자연과 예술과 스포츠의

좋은 점을 만끽하게 도와주소서.

그리하여 더욱 보람 있는 삶을 살아가기 원합니다.

예수님의 이름으로 기도합니다. 아멘.

※ 참고 성구 : 왕상 4:32-33.

대중문화의 유혹을 분별하게 도와주소서

문화의 주인이신 하나님 아버지,
세상 바깥으로 도망가지 않고 세상 속에서 살아가야 하는
크리스천의 정체를 잘 알고 있습니다.
하지만 세상 문화를 접하며 사는 일이 결코 쉽지 않습니다.
홍수와도 같은 대중문화 속에서 크리스천답게
대응할 수 있는 지혜를 주님께 구합니다.

소돔 성의 롯처럼 세상의 타락한 문화로 인해
의로운 심령이 상하지 않게 도와주소서.
우리도 때때로 롯처럼
"무법한 자들의 음란한 행실로" 인해 고통당합니다.
그러나 사탄이 장악한 영역을 빼앗아
하나님 나라의 문화적 유산을 일구어야 할 책임이
바로 우리에게 있음을 명심하게 하소서.

타락한 일터문화의 악한 영향력을 대체할
크리스천의 일터문화를 형성할 수 있게 하소서.

"너희는 이 세대를 본받지 말고
오직 마음을 새롭게 함으로 변화를 받으라."
하나님의 선하시고 온전하신 뜻이 무엇인지 분별하게 하소서.
하나님의 사람다운 문화관을 가지고
대중문화의 유혹을 분별하게 도와주소서.

내면의 아름다움을 추구하기보다
사람들의 시선에 목숨 거는 허망한 풍조를 넘어서게 하소서.
광고에 현혹되어 과소비하지 않게 도와주소서.
유행 따라 사는 겉멋에 속지 않도록 붙들어주소서.
옆집 사람이 하는 것을 따라 하느라
크리스천다움도, 분수도 다 잃지 않도록 지켜주소서.
그리하여 크리스천들의
거룩하고 고상한 이미지를 드러낼 수 있게 하소서.
문화의 변혁을 가능하게 하신
예수님의 이름으로 기도합니다. 아멘.

※ 참고 성구 : 롬 12:2, 벧후 2:6-8.

단순한 삶을 살아가게 하소서

창조하신 모든 것을
사람에게 맡기며 청지기로 살게 하신 하나님,
하나님이 주신 자원을 활용하되
검소하고 단순한 삶을 살아야 하는
사명을 잘 깨닫게 하소서.

잘 정리하는 삶을 살기 원합니다.
쓸데없는 물건들을 단순화하게 도와주소서.
물건을 찾느라 자주 시간을 낭비합니다.
삶의 도구들을 잘 정돈하고 일하는 물건들을 정리하여
심플 라이프를 실천할 수 있게 도와주소서.

저의 재정생활을 단순화해야 하겠습니다.
검소하게 살아가게 인도해주소서.
오병이어의 이적을 베푸실 때
남은 떡과 물고기를 버리지 않고
열두 바구니를 거두게 하신 주님을 기억합니다.

바람직한 재정생활로 미래를 설계할 수 있게 하소서.
평생 검소하게 살았던 믿음의 선배들의 삶을 기억하고
단순화된 재정생활로
크리스천다운 멋을 드러내며 살게 하소서.

시간 관리를 단순화해야 하겠습니다.
비전을 늘 염두에 두고 목표를 세운 것들을 실행하되
우선순위를 두고 시간 계획을 실천하게 하소서.
선택과 집중을 잘 활용하여 몰입할 수 있게 도와주소서.
제 삶의 영역을 잘 설정하여
거절해야 할 것은 거절할 수 있는 단호함도 허락하소서.
무익한 일에 몰두하느라
안식의 기쁨을 포기하지 않게 도와주소서.

무엇보다 제 자신을 단순화하는 삶을 살게 하소서.
하나님 앞에서 내가 과연 누구인가
자주 질문하며 하나님께 집중할 수 있게 도와주소서.
예수님의 이름으로 기도합니다. 아멘.

※ 참고 성구 : 대상 17:16, 요 6:12-13.

광야 같은 세상에서 승리하게 하소서

우리 인생의 여정을 시작부터 마침까지 인도하시는
하나님의 크나큰 은혜를 찬송합니다.
하나님은 이스라엘 백성들을 광야 가운데서
낮에는 구름 기둥으로,
밤에는 불 기둥으로 인도하셨습니다.
그 하나님이 인도하실 인생에 대해
전적으로 신뢰하지 못하고
불안해하는 저를 용서하여주소서.

이스라엘 백성들의 광야생활이
바로 저의 인생 여정임을 고백합니다.
그들은 하루 앞을 알 수 없는 삶을 살았습니다.
아침에 성막 위에 있던 구름 기둥이 움직이면
반드시 이동해야 했습니다.
언제나 아침이 되면 구름 기둥을 주시해야 했기에
하루 앞을 예측하지 못하고 사는 인생이었습니다.

죽음이 만연하여 여기저기서 사람들이 죽어 넘어가던
광야의 '죽음 무감각증'이 바로 오늘 우리의 삶입니다.
광야 같은 세상에서 승리하며 살 수 있게 하소서.
이스라엘 백성들이 하나님과 친밀한 관계를 유지했습니다.
"여호와여, 일어나사 주의 대적들을 흩으시고
주를 미워하는 자가 주 앞에서 도망하게 하소서."
아침에 구름 기둥이 움직이고 언약궤가 떠날 때
모세가 했던 기도를 저도 따라 합니다.
"여호와여, 이스라엘 종족들에게로 돌아오소서."
저녁에 언약궤가 멈추고 쉬어야 할 때 했던 모세의 기도를
저도 일을 마치고 퇴근할 때마다 따라 하겠습니다.

언약궤가 떠나고 돌아올 때마다 반복했던 기도는
하나님과 동행하는 이스라엘 백성들의 삶이 아닙니까?
하나님이 앞서 가시는 길만 밟으며 따라가고
하나님이 멈추어 서시는 곳에서는 편안히 쉬겠다는
친밀한 동행의 믿음을 배우게 도와주소서.
모세의 기도를 반복하며 광야 같은 세상에서 승리하게 하소서.
예수님의 이름으로 기도합니다. 아멘.

※ 참고 성구 : 민 10:33-36.

세상에서 축복의 통로가 되게 하소서

세상 사람들에게 복 주기를 기뻐하시는 하나님,
첫 인류 아담과 하와에게 주셨던
생육하고 번성하며 세상을 다스리는 복에 대해 감사합니다.

아브라함을 통해서 이스라엘을 복되게 하시고
세상 모든 사람을 복 주시려는 그 귀한 언약을 상기합니다.
"땅의 모든 족속이 너로 말미암아 복을 얻을 것이라."
아브라함이 그런 삶을 살았습니다.
그와 함께 일했던 사람들이 이렇게 말했습니다.
"네가 무슨 일을 하든지 하나님이 너와 함께 계시도다."
목축업을 하던 아브라함과 늘 함께하시는 하나님의 모습을
블레셋 사람들이 분명하게 보았습니다.
그의 아들 이삭에게도 여호와께서 그와 함께 계심을 보았다고
블레셋 사람들이 고백하고 있습니다.
일터에서 저도 하나님과 동행할 수 있게 도와주소서.

애굽에서 보디발의 집 가정총무로 일했던 요셉,

그를 위하여 하나님이 보디발의 집에 복을 내리셨습니다.
하나님의 복이 보디발의 집과 밭에 있는
모든 소유에 미쳤다고 성경이 기록합니다.
저도 요셉처럼 복의 근원이 되게 도와주소서.
보디발의 집은 하나님이 주시는 복받기에 합당치 않았습니다.
피 흘리며 정복전쟁을 수행하던 보디발,
노예를 유혹하던 요사스러운 그의 아내,
복받을 만한 이유가 없던 보디발의 집이
요셉으로 인해 복받았음을 늘 기억하게 하소서.

저로 인해 우리 일터가 복을 받게 하시고
바로 저 때문에 제가 속한 모든 곳이 복을 받는
놀라운 은혜를 베풀어주소서.
제가 만나는 모든 사람에게 복을 끼치게 하소서.
그리하여 세상을 복되게 하는 축복의 통로가 되게 하소서.
예수님의 이름으로 기도합니다. 아멘.

※ 참고 성구 : 창 12:1-3, 21:22, 26:28, 39:4-5.

멜리데 섬의 사도 바울을 배우겠습니다

자녀들의 선행을 기뻐하시는 하나님,
오늘도 세상에서 일하며 살아가게 하심을 감사하며
어려운 상황에서도 그리스도인다웠던
사도 바울을 통해 교훈을 얻기 원합니다.

유라굴로 광풍을 만난 죄수 호송선에서
바울은 눈에 띄는 하나님의 사람이었습니다.
하나님이 자신과 함께하심을 확신시키며
사람들에게 희망과 용기를 주었던 바울을 배우게 하소서.
바울은 배가 파선하여 멜리데 섬에 표류한 후에도
나무를 한 묶음이나 거두어 모닥불에 넣는 수고를 했습니다.
그 와중에 독사에 물리는 불상사도 겪었습니다.
그러나 인과응보라는 사람들의 외침 속에서도
하나님의 놀라운 역사가 있었음을 찬양합니다.
"바울이 그 짐승을 불에 떨어 버리매 조금도 상함이 없더라."
전화위복의 은혜, 하나님의 놀라운 능력이 나타났습니다.
"뱀을 집어 올리며 무슨 독을 마실지라도 해를 받지 아니하며"

믿는 자들에게 따르는 표적을 주님이 보여주셨습니다.
"병든 사람에게 손을 얹은즉 나으리라" 하신 대로
하나님은 그 섬의 추장 아버지의 열병과
이질을 고쳐주셨습니다.
그래서 멜리데 섬에 있던 수많은 사람이 와서 병 고침을 받고
놀라운 복음의 역사가 그 섬에서 일어났습니다.

저의 일터에서 착한 일에 앞장서게 도와주소서.
착한 일을 하다가 사탄의 방해를 받아 어려움을 당해도
결코 낙망하지 않게 하소서.
그 어려움을 이겨낼 믿음과 영력을 더하여주소서.
"형제들아, 너희는 선을 행하다가 낙심하지 말라."
십자가에서 고난받으신 주님을 기억하게 하소서.
"너희가 피곤하여 낙심하지 않기 위하여
죄인들이 이같이 자기에게 거역한 일을 참으신 이를 생각하라."
제가 사도 바울이 되게 도와주시고
우리의 일터가 멜리데 섬이 되게 인도하소서.
예수님의 이름으로 기도합니다. 아멘.

※ 참고 성구 : 막 16:17-18, 행 28:1-10, 살후 3:13, 히 12:3.

시작의 때에 주님께 기도합니다

세상의 시작과 마침을 주관하시는 하나님,
예수 그리스도께서 말씀하셨습니다.
"나는 알파와 오메가요
처음과 마지막이요 시작과 마침이라."
시작에 부여하신 하나님의 뜻을 깨달아 알게 하소서.
늘 반복되는 아침마다 주님의 성실을 깨닫게 하소서.
"여호와의 인자와 긍휼이 무궁하시므로
우리가 진멸되지 아니함이니이다.
이것들이 아침마다 새로우니
주의 성실하심이 크시도소이다."
시작의 순간마다 주님의 성실을 기억하며
다시금 다짐하고 결심할 수 있게 인도해주소서.

'나는 주님의 자녀인데 세상살이가 왜 이리 답답한가?'
고민하기도 합니다.
"하나님이 모든 것을 지으시되 때를 따라 아름답게 하셨고
또 사람들에게는 영원을 사모하는 마음을 주셨느니라.

그러나 하나님이 하시는 일의 시종을
사람으로 측량할 수 없게 하셨도다."
답답해도 기다리게 인도하소서.
인내하는 믿음과 용기를 저에게 허락하소서.

잠언 기자의 권면도 기억하겠습니다.
"너는 권고를 들으며 훈계를 받으라.
그리하면 네가 필경은 지혜롭게 되리라."
한 달을 돌아보고 한 해를 돌아봐도
별로 변화가 없는 것 같아 절망했던 적도 있습니다.
하지만 당장은 변화가 없어 보여도
5년이 지난 후 돌아보면 뭔가 보였습니다.
조급해 하지 말고, 그렇다고 긴장을 늦추지 않고
침묵정진하게 하소서.
예수님의 이름으로 기도합니다. 아멘.

※ 참고 성구 : 잠 19:20, 전 3:11, 애 3:22-23, 계 22:13.

하프타임의 축복을 누리게 하소서

자녀들의 삶을 세밀하게 인도하시는 하나님,
속도를 내며 앞만 보고 달려가는 삶이 아니라
방향을 잘 점검하고 의미를 찾는 인생을 기뻐하시는
하나님을 찬양합니다.

인생을 시작하게 하신 하나님이 점검의 기회를 주셨습니다.
하프타임을 통해 인생의 의미를 찾게 하소서.
다윗처럼 제 자신을 돌아보게 하소서.
"주 여호와여, 나는 누구이오며 내 집은 무엇이기에
나를 여기까지 이르게 하셨나이까?"
하나님께서 인도하신 지난 삶을 돌아보기 원합니다.
감사하며 회고하게 하시고
소망을 가지고 전망하게 도와주소서.

진정한 하프타임을 위해
주님께만 집중하는 시간과 장소를 확보하게 하소서.
사람들이 많은 곳을 떠나 한적한 곳에 가서 기도하신

주님의 본을 따라 주님의 말씀을 듣고 주님께 말씀드리는
기회를 가질 수 있게 도와주소서.
그곳에서 진정 주님만이 인생의 안식처요,
새 힘을 주시는 분임을 깨닫기 원합니다.
주님께 모든 것을 드리며
앞날에 대해서도 전적으로 의탁할 수 있게 도와주소서.

35세, 40세, 중년으로 넘어가는 시기에
은퇴를 고려해 보면서 인생의 의미를 찾게 도와주소서.
한 해의 하프타임으로
여름휴가를 보람되게 보내길 기대합니다.
상반기와 하반기, 잦은 결산으로 두렵기도 한 분기,
한 달과 한 주일에도,
하프타임의 기회를 가질 수 있게 도와주소서.
하루의 하프타임인 점심시간에도 잠시 틈을 내
하루의 의미를 발견하게 도와주소서.
예수님의 이름으로 기도합니다. 아멘.

※ 참고 성구 : 삼하 7:18, 잠 19:21, 마 11:28, 눅 5:16.

마감의 때에 주님께 기도합니다

시작하기도 하시고
마치기도 하시는 하나님을 찬양합니다.
"너희 안에서 착한 일을 시작하신 이가
그리스도 예수의 날까지 이루실 줄을 우리는 확신하노라."

인생의 구획을 마련해두신 하나님의 계획에 따라
마감을 자주 경험합니다.
하루와 한 주간을 마감하고
한 달의 마감도 분주하여 월말에는 도로가 번잡합니다.
분기의 마감에도 상당한 스트레스를 받고
한 해의 마감에는 벅찬 성취감보다는
절망과 비장함이 감돌기도 합니다.
직장생활을 마감해야 하는 때도 있고
결국 인생을 마감하는 날도 있음을 기억하게 하소서.

하루의 일을 마감하며
마감의 진정한 의미를 되새기게 도와주소서.

"우리의 모든 날이 주의 분노 중에 지나가며
우리의 평생이 순식간에 다하였나이다."
흐르는 세월의 신속함을 날아간다고 표현한
모세에게 공감합니다.
"우리에게 우리 날 계수함을 가르치사
지혜로운 마음을 얻게 하소서."

형통과 곤고를 병행하게 하시는 하나님을 보게 하소서.
"형통한 날에는 기뻐하고 곤고한 날에는 되돌아 보아라.
이 두 가지를 하나님이 병행하게 하사."
우리 마음대로 선택할 수 없는 상황에 대해
원망하거나 교만하지 말게 하소서.
이런 현실을 통해 우리의 한계를 느끼고
하나님께 더욱 의지하며 인생을 살아가게 도와주소서.
그리하여 마감의 때마다 감사가 넘치게 하시고
책임을 다한 보람과 긍지가 넘치는 삶을 살게 하소서.
예수님의 이름으로 기도합니다. 아멘.

※ 참고 성구 : 시 90:9-12, 전 7:13-14, 빌 1:6.

생일을 맞아 감사기도를 드립니다

생명의 근원이신 하나님 아버지,
제게 귀한 생명을 주신 하나님께 감사합니다.
"내가 너를 모태에 짓기 전에 너를 알았고."
예레미야 선지자를 미리 택하신 것처럼
오래 전부터 계획하여 제게도 귀한 생명을 주셨습니다.
저를 이 세상에 보내심을 기억하는 날,
생명을 주신 창조주 하나님께 합당한 감사를 드립니다.

"내가 너를 지명하여 불렀나니 너는 내 것이라."
이스라엘 백성들을 택하여 구원하셨듯이
저에게 구원의 은혜를 베풀어 자녀삼아 주심을 감사합니다.
이 귀한 구원의 은총으로 인해
평생 주님을 찬양하며 살아가게 하소서.
아울러 지금까지, 여기까지 인도하시고
순간마다 보호하여주신 하나님께
마음 모아 감사를 드립니다.
지금까지 저의 모든 인생이 주님의 은혜로 가능했습니다.

저를 이 땅에 보내신 제 인생의 목적을 추구하겠습니다.
하나님이 주신 비전을 성취하기 위해
한 걸음 한 걸음 침묵정진하겠습니다.
생명의 주인이신 주님께
제게 주신 모든 인생의 자원을 활용하여
보답하는 삶을 살겠습니다.
세상 끝날까지 항상 함께해 주시겠다는
주님의 약속을 믿고 살아갈 수 있게 하소서.
하나님의 자녀답게 세상 속 그리스도인으로 살겠습니다.

일할 때 필요한 지혜를 주시고 능력을 허락해주소서.
축하해주는 동료들과 함께 일할 때 팀워크를 주소서.
가정에서 자신의 역할을 잘 감당하게 하소서.
부모님을 통해 저를 이 땅에 보내셨습니다.
그 은혜에 늘 감사하며 살아가게 하소서.
예수님의 이름으로 기도합니다. 아멘.

※ 참고 성구 : 삼상 7:12, 사 43:1, 렘 1:5, 마 28:20, 고전 10:31.

부모님을 잘 섬기게 도와주소서

부모님을 통해 이 땅에 저를 보내신 하나님 아버지,
아버지와 어머니의 보호와 사랑을 통해
하나님 아버지의 속성을 느낄 수 있음을 감사합니다.
부모님을 위해 기도합니다.
부모님을 마땅히 잘 섬겨야 할 자식의 도리를 배우기 원합니다.

"자녀들아, 주 안에서 너희 부모에게 순종하라.
이것이 옳으니라."
'주 안에서' 순종하라는 말씀을 가슴에 담습니다.
그리스도의 십자가 보혈의 피 안에서,
우리 주님이 저를 위해 희생하신 그 귀한 은혜 안에서
부모님께 순종할 수 있게 하소서.
설령 상처와 아픔을 준 부모라 할지라도
부모라는 그 귀한 직분으로 인해 존경받아 마땅합니다.
부모님을 잘 섬기게 도와주소서.

젊은 날을 다 보내고 늙어 가시는 부모님,

언제까지나 살아 계실 분들이 아니기에 가슴이 아픕니다.

그러니 살아 계실 때 더욱 마음을 다할 수 있게 도와주소서.

수시로 문안드리고 이야기를 나누겠습니다.

자주 찾아뵙겠습니다. 아이들과 함께 찾아가겠습니다.

그분들이 아버지와 어머니, 할아버지와 할머니의 '직분'을

다하실 수 있도록 잘 섬기겠습니다.

부모님이 베풀어주신 은혜를 기억하며

직접 수고하고 좋은 것을 드리며 최선을 다해 섬기겠습니다.

아울러 배우자의 부모님을 향해서도

동일한 섬김과 존경을 다할 수 있도록 도와주소서.

당연한 부모님 공경에 대해 약속을 주심도 감사합니다.

"이로써 네가 잘되고 땅에서 장수하리라."

부모님을 섬겨서 받을 수 있는 복이라면

제게 이런 귀한 복을 주소서.

우리 자녀들이 배워 따라하도록

대를 이어 이런 귀한 복을 주소서.

예수님의 이름으로 기도합니다. 아멘.

※ 참고 성구 : 엡 6:1-3.

주님 안에서 배우자를 만나게 하소서

가정을 만드신 하나님을 찬양합니다.
하나님이 복 주신 가정을 통해
지금까지 살아올 수 있도록 인도하심을 감사합니다.
하나님이 원하시는 생육과 번성을 위해,
새로운 가정을 이루어야 할 사명을 위해 기도합니다.

결혼하여 가정을 이루는 연령이 늦어지는 시대입니다.
커리어를 위해, 혼자 사는 것이 편하다고
독신을 부추기기도 합니다.
독신이 제게 주신 은사라면 감당하겠습니다.
하나님이 주신 은사를 잘 판단하게 하시고,
아니라면 결혼할 수 있는 은혜를 주소서.
봄과 가을이면 많은 사람이 결혼하지만
누구나 결혼하는 것은 아님을 잘 압니다.
저의 결혼을 위해 기도합니다.

예수님을 믿음의 주로 고백하는 배우자를 만나기 원합니다.

믿음의 가정에서 태어나고 자라는 것이

얼마나 귀한 복인지 잘 알고 있습니다.

믿음으로 준비된 배우자를 만나게 하소서.

교회 공동체 안에서 믿음의 배우자를 만나기 원합니다.

일터 공동체 안에서 크리스천 동료를 만나기 원합니다.

보아스를 만난 룻을 기억합니다.

가만히 집에 있지 않고 적극적으로 밭에 나가 일하는 과정에서

마침, 우연히 일어난 것 같은 하나님의 섭리를

룻과 보아스가 경험했습니다.

저도 열심히 노력하겠습니다. 주님이 인도해주소서.

주 안에서 거룩하고 아름다운 가정을 이루어

하나님을 기쁘시게 할 수 있도록 인도해주소서.

예수님의 이름으로 기도합니다. 아멘.

❋ 참고 성구 : 창 2:24, 룻 2:1-4.

가정의 주체인 부부가 되게 하소서

가정의 주인이신 하나님 아버지,
우리 가정을 허락하시고
우리 부부가 가정의 주체가 되게 하심을 감사합니다.

"각 남자의 머리는 그리스도요 여자의 머리는 남자요
그리스도의 머리는 하나님이시라."
그리스도 위에 성부 하나님이 계시듯
아내 위에 남편이 있는 것,
이것이 상하관계가 아닌 유기적 관계요,
논리적인 우선순위임을 깨닫고
부부가 함께 가정의 주체로 사명을 다하게 하소서.

성부 하나님이 삼위일체의 대표가 되시듯이
남편이 우리 가정의 대표가 됩니다.
"아내들아, 이와 같이 자기 남편에게 순종하라."
믿지 않는 남편이라도 아내의 순종하는 행실로
구원에 이르게 할 수 있다는 말씀을

기억하는 아내가 되게 하소서.

"남편들아, 이와 같이 지식을 따라

너희 아내와 동거하고…

생명의 은혜를 함께 이어받을 자로 알아 귀히 여기라."

아내를 귀히 여기고 존중하는 남편이 되게 하소서.

크리스천의 가정이라고 어려움이 없지 않습니다.

어려울 때 서로를 바라보며 기대만 하지 말고

함께 손잡고 주님을 바라볼 수 있는 믿음을 주소서.

자녀들이 성장해가고 시간이 흘러가면서

성숙한 믿음으로 서로를 세워주는 부부가 되게 하시고

인생을 함께 걷는 친구로 살아가게 도와주소서.

우리 부부를 이끌어주시는

예수님의 이름으로 기도합니다. 아멘.

※ 참고 성구 : 고전 11:3, 벧전 3:1-7.

거룩한 부부가 되게 하소서

우리 가정의 주인이신 하나님,
주님이 복 주신 우리 부부를 위해 기도합니다.
주님이 복 주신 가정학교에서
주인이신 하나님만 바라보는 거룩한 부부가 되게 하소서.

"하나님의 뜻은 이것이니 너희의 거룩함이라."
거룩하게 하시려고 부부로 부르신
귀한 소명을 잊지 않게 하소서.
세상의 풍조를 따르지 않게 도와주소서.
하나님을 모르는 이방인들과 같이
음란과 색욕에 빠지지 말게 도와주시어
부부의 소명을 지키게 하소서.

믿지 않는 남편이 아내로 인해 거룩하게 되고
믿지 않는 아내가 남편으로 인해 거룩하게 되며
자녀들도 부모로 인해 거룩하게 됨을 배우겠습니다.
거룩을 추구하는 우리 부부로 인해

우리 가정이 거룩한 가정이 되게 도와주소서.

아나니아와 삽비라 부부처럼

물욕과 명예욕에 빠져 성령을 속이지 않게 하소서.

어쩌면 그렇게도 부부가 사이도 좋게 욕심을 부렸습니까?

한 사람이 세상 욕심에 빠지면

다른 한 사람이 깨우쳐 줄 수 있는 믿음과 지혜를 주소서.

승진과 출세 욕심에 빠져 있는 남편을

아내가 일깨우게 해주소서.

허영과 물욕에 빠진 아내를 남편이 깨우치게 도와주소서.

브리스길라와 아굴라 부부처럼

천막을 만드는 궂은일을 함께하면서도

사명으로 하나 되어 복음사역자를 섬기고

가정교회를 세워가는 부부가 되게 하소서.

우리 가정의 목표는 세상 사람들처럼 행복이 아니라

하나님의 거룩함을 추구하는 것임을 늘 잊지 않게 도와주소서.

예수님의 이름으로 기도합니다. 아멘.

※ 참고 성구 : 행 5:1-11, 18:1-3,26, 고전 7:14, 16:19, 살전 4:3-7.

퇴근하는 이유를 발견하게 하소서

일터와 가정을 만드신 하나님!
일하고 나면 돌아갈 가정을 주셔서
가족들과 함께 지낼 수 있게 하심을 감사합니다.

일하고 퇴근하면 너무 힘든 때가 있습니다.
'하숙생'이라는 자조 섞인 말이 실감납니다.
그래서 퇴근하면 혼자만의 시간을 보내고 싶습니다.
그저 아무 간섭도 받지 않고
귀찮은 일도 하지 않고
혼자서 TV를 보고 차를 마시며
저만의 시간을 가지고 싶기도 합니다.
그러나 그래서는 안 되는 것을 깨닫게 도와주소서.

다윗 왕에게 배우고 싶습니다.
법궤를 성막으로 옮긴 후 번제와 화목제를 드리고
백성들을 축복하고 떡과 과자를 나눠준 후
다윗도 자기 집으로 돌아갔습니다.

그런데 다윗이 집으로 갔던 이유가 있었습니다.

"다윗도 자기 집을 위하여 축복하려고 돌아갔더라."

이 가슴 벅찬 퇴근의 목적을 저도 배우기 원합니다.

일터에서는 사람들을 축복하는 직장사역을 하고

가정에서는 가족들을 축복하는 가정사역을 하게 도와주소서.

종일 일하느라 피곤해도,

일이 잘되지 않아 근심 걱정이 많아도

얼굴을 펴고 퇴근하겠습니다.

가족들을 만나 어떻게 축복할까 생각하며 퇴근하겠습니다.

한 번 활짝 웃으면서 집 안에 들어서겠습니다.

사랑하는 가족들을 안아주겠습니다.

축복하는 말을 하고 사랑한다고 말하겠습니다.

그 축복대로 우리 가정에 복을 주소서.

퇴근이 즐겁게 하시고,

그래서 출근도 활기찰 수 있게 도와주소서.

예수님의 이름으로 기도합니다. 아멘.

※ 참고 성구 : 대상 16:1-3,43.

크리스천다운 노후준비를 하게 하소서

사람의 일생을 복 주신 하나님,
"늙은 자의 아름다움은 백발"이라고
노년의 삶에도 복 주심을 감사드립니다.
"백발은 영화의 면류관"이라고 축복하심을 찬양합니다.

세상 사람들의 노후준비는 돈 걱정이 주류입니다.
그러나 저는 이 말씀을 붙들고 규모 있고 적당하게
노후 재정을 준비하겠습니다.
"이는 다 이방인들이 구하는 것이라. 너희 하늘 아버지께서
이 모든 것이 너희에게 있어야 할 줄을 아시느니라."

은퇴 연령이 점점 낮아집니다.
나이 들어서도 일해야 할 필요도 늘어나고
일할 수 있는 가능성도 높아질 것입니다.
하던 일을 계속하든지, 또 다른 새로운 일을 하게 되더라도
하나님이 주신 일의 보람을 계속 누릴 수 있는 기회를 주소서.
늙더라도 배움을 계속할 수 있는 열정을 주시고

부단한 자기계발로 후배들의 귀감이 되게 도와주소서.

건강해야 노후가 복될 것입니다.
건강을 위해 꾸준히 노력하겠습니다.
관계의 끈을 늦추거나 단절하지 않고
더욱 돈독한 관계를 가질 수 있게 인도해주소서.
특히 배우자와 좋은 관계를 가질 수 있게 하시고
자녀들과도 친밀함을 유지할 수 있게 도와주소서.

새로운 사명을 주신다면
은퇴 후에 타 문화권에서 시니어 선교사로 헌신하기 원합니다.
제가 하던 일을 통해 비즈니스로 선교하는
직업선교의 가능성을 두고 준비할 수 있는 기회를 주소서.
어떤 소명으로 부르시든지 노후에도 감당하며
하나님께 영광을 돌리는 삶을 살게 도와주소서.
예수님의 이름으로 기도합니다. 아멘.

※ 참고 성구 : 잠 16:31, 20:29, 마 6:32, 엡 6:23.

하나님의 사람다운 죽음을 허락해주소서

생명을 주관하시는 하나님,
오늘도 살아 있고 일할 수 있음으로 인해
하나님이 주신 사명을 깨달으며 감사드립니다.
"이는 내게 사는 것이 그리스도니 죽는 것도 유익함이라."
그리스도와 함께 있는 것이 더 좋으나
살아 있기에 일한다는 사도 바울의 고백을 되새기며
살아 있는 사람만이 드릴 수 있는 기도,
죽음을 위해 기도합니다.

인간의 생사화복을 주관하시는 하나님께
저의 죽음에 대해 왈가왈부할 수 없음을 압니다.
그래도 기도하고 싶습니다.
사고나 갑작스러운 질병으로 죽음을 경험하지 않도록
긍휼을 베풀어주소서.
편안하고 복된 죽음을 맞을 수 있도록 인도해주소서.
믿음으로 주님을 고백하며,
기운이 없을지라도 미소 지으며 천국 문을 향하게 도와주소서.

시대가 흉흉해져서 신앙을 고백한다는 이유로
죽음의 길을 가게 될지라도
담대히 순교의 길을 걸을 수 있는 용기를 주소서.
자손들에게 신앙과 삶의 유언과 자취를 남기기 원합니다.
일에 대해서도 교훈을 주고 싶습니다.
일하다가 부름받는 것도 복된 일이겠습니다.
그야말로 순교가 아니겠습니까?

유언장을 준비하겠습니다.
가족과 의논하여 각막도, 장기도 기증할 수 있다면
죽어서도 남은 사람들을 유익하게 할 수 있습니다.
존엄스러운 죽음,
하나님의 자녀이기에 거룩한 죽음으로
하나님을 기쁘시게 하고
남은 사람들에게 좋은 기억과 유산을 남기게 도와주소서.
예수님의 이름으로 기도합니다. 아멘.

※ 참고 성구 : 시 102:24, 빌 1:21-24.

아멘. 주 예수여 오시옵소서

"내가 진실로 속히 오리라"고 말씀하신 주님,
2천 년 전에는 아기 예수님으로 오셨지만
영광스러운 재림주로 오실 예수님을 찬양합니다.
"그런즉 깨어 있으라.
너희는 그날과 그때를 알지 못하느니라."
주님이 오시는 날, 깨어 있어 주님을 맞을 수 있게 하소서.
진정한 종말신앙을 가지고
주님을 기다리던 믿음의 선배들이 보여준
'마라나타'의 신앙을 가지게 도와주소서.
"아멘. 주 예수여 오시옵소서."

세상을 떠들썩하게 한 시한부 종말론으로 인해
세상 사람들이 종말을 우습게 여깁니다.
크리스천들도 '종말 불감증'에 빠져
주님이 오늘 당장 오실 수 있음을 생각하지 않습니다.
이런 무감각증에서 벗어나게 도와주소서.
데살로니가 교인들처럼 주님이 곧 재림하신다는

노이로제에 걸려 해야 할 일을 포기하지 않게 하소서.
"일하기 싫어하거든 먹지도 말게 하라"는 교훈을 기억합니다.
주님이 오늘 당장 재림하시더라도
오늘 할 일을 제대로 감당하는 사람이 되게 하소서.

세상의 종말도 준비하면서 개인의 종말에도 주목하게 하소서.
"한 번 죽는 것은 사람에게 정해진 것이요
그 후에는 심판이 있으리니."
실직이나 명예퇴직의 상황을 준비해야 하듯이
인생의 졸업과 결산 때 후회하지 않기 위해 노력하겠습니다.
주님의 재림을 기대하던 선배들처럼
언제든지 주님이 부르시는 날을 피하지 않는 마음으로
하루하루 최선을 다해 살아가게 도와주소서.

종말의식을 가진 사람의 긴장감을 잃지 않게 하시고
하나님의 섭리를 이해하는 사람의 여유로움을 동시에 가지고
하루하루 주님의 뜻을 따라 살아가게 도와주소서.
예수님의 이름으로 기도합니다. 아멘.

※ 참고 성구 : 마 25:13, 살후 3:10, 히 9:27, 계 22:20-21.